CONFÉRENCES DE NOTRE-DAME DE PARIS

RETRAITES PASCALES

1883-1884

I
LE CHRÉTIEN

II
DEVOIRS EUCHARISTIQUES

PAR

LE T. R. P. J.-M.-L. MONSABRÉ

DES FRÈRES PRÊCHEURS

PARIS

AUX BUREAUX DE L'ANNÉE DOMINICAINE

19, RUE DU CHERCHE-MIDI, 19

CONFÉRENCES DE NOTRE-DAME DE PARIS

RETRAITES PASCALES

1883-1884

I. — LE CHRÉTIEN

II. — DEVOIRS EUCHARISTIQUES

APPROBATION DE L'ORDRE

—

Nous, soussignés, Maître en sacrée Théologie et prédicateur général, avons lu, par ordre du T. R. P. Provincial, les Instructions du T. R. P. Jacques-Marie Louis Monsabré, Maître en sacrée Théologie, lesquelles sont intitulées : *Retraites pascales*, 1883-1884. — I. *Le Chrétien.* II. *Devoirs eucharistiques*. Nous les avons jugées dignes de l'impression.

Fr. Antonin VILLARD,
Maître en S. Théologie.

Fr. Paul MONJARDET,
Prédicateur général.

IMPRIMATUR :

Fr. Thomas FAUCILLON,
Prieur provincial.

—

7925. — Paris. F. Levé, imp. de l'Archevêché, rue Cassette, 17.

RETRAITES PASCALES

1883-1884

I
LE CHRÉTIEN

II
DEVOIRS EUCHARISTIQUES

PAR

LE T. R. P. J.-M.-L. MONSABRÉ

DES FRÈRES PRÊCHEURS

PARIS

AUX BUREAUX DE L'ANNÉE DOMINICAINE

19, RUE DU CHERCHE-MIDI, 19

1885

LE CHRÉTIEN

PREMIÈRE INSTRUCTION

L'ESPRIT CHRÉTIEN

———

MESSIEURS,

Nous sommes engendrés surnaturellement par le baptême, perfectionnés par la confirmation. L'homme, délivré de la mort du péché, pénétré de la vie divine, muni d'un mystérieux organisme de vertus infuses et d'habitudes saintes, enté sur l'humanité du Sauveur, incorporé à son Église, investi du droit d'héritage sur le royaume des cieux ; le chrétien, fils adoptif du Père céleste, membre du Christ, temple de l'Esprit-Saint, grandi par la force perfective de cet Esprit, enrôlé dans la milice du Fils de Dieu ; le chrétien, viril et parfait, marqué de deux caractères qui attestent sa filiation et son office : voilà les premières merveilles que produit en nous la grâce de Jésus-Christ. En vous les exposant dans nos dernières conférences, je vous ai parlé de votre grandeur et de votre dignité beaucoup plus que de vos devoirs. Mais je ne perdais pas de vue ce côté important de mon enseignement. Je savais que votre loyauté ne se contenterait pas d'apprendre les grandes choses que Dieu a faites pour vous, et que vous voudriez être instruits de ce qu'il faut faire pour lui : connaître, en un mot, tout le chrétien.

Je ne puis mieux répondre à votre désir, Messieurs, qu'en commentant les graves et sublimes leçons que l'Apôtre donnait aux fidèles qu'il avait engendrés et confirmés dans la grâce de Dieu. — « Vous êtes maintenant lumière dans le Seigneur, disait-il ; marchez comme des enfants de lumière : *Vos estis lux in Domino, ut filii lucis ambulate*[1]. — Que le nouvel esprit qui vous anime soit la règle suprême de votre nouvelle vie : *Dico autem vobis, Spiritu ambulate.* — Où souffle cet

____

1. Ephes., cap. v, 8.

esprit, là est la liberté : *Ubi Spiritus, ibi libertas* [1].
— Etablissez-vous donc dans l'inébranlable résolution et puissance de faire tout le bien que Dieu
demande de vous, et brisez courageusement tous
les liens d'esclavage qui pourraient contrarier
votre haute vocation, puisque votre vocation est
d'être libres : *Vos autem in libertatem vocati estis* [2].
— Que la lumière qui vous éclaire, que la sainte
liberté de votre âme, se manifestent en toutes vos
actions; car ce n'est pas pour mener la vie du
vieil homme, mais bien de l'homme nouveau, que
vous avez été régénérés : *Ut in novitate vitæ ambulemus* [3]. — Les sacrements ne vous ont purifiés et
sanctifiés que pour faire de vous un peuple
agréable à Dieu, fécond en bonnes œuvres : *Ut
mundaret sibi populum acceptabilem, sectatorem
bonorum operum* [4]. — Chrétiens pour vous-mêmes,
soyez-le pour tous ceux qui sont soumis à votre
autorité; Dieu, de qui vous tenez votre paternité,
a amplifié vos droits et vos devoirs en vous unis-
sant à son Fils Jésus-Christ. Pères, élevez donc

1. II Cor., cap. III, 17.
2. Galat., cap. V, 13.
3. Rom., cap. VI, 4.
4. Tit., cap. II, 14.

vos enfants selon la loi et la correction du Seigneur : *Patres, educate filios in disciplina et correptione Domini* [1]. — Pères chrétiens, enfants chrétiens, travaillez à vous assurer l'héritage que Dieu vous a promis en vous adoptant ; mais souvenez-vous que vous ne pourrez prendre part à la gloire du Christ, dont vous êtes les cohéritiers, qu'en participant à ses douleurs : *Si autem filii et hæredes, hæredes quidem Dei, cohæredes autem Christi, si tamen compatimur, ut et conglorificemur* [2]. »

Ainsi parlait l'Apôtre ; résumant le chrétien pratique, en ces cinq chapitres : l'esprit chrétien, la liberté chrétienne, la vie chrétienne, la paternité chrétienne, la souffrance chrétienne. Ce sera le sujet de notre retraite, Messieurs. Aujourd'hui je vous dirai en quelques mots, d'abord, ce que c'est que l'esprit chrétien ; plus longuement, l'usage que nous en devons faire.

I

Il y a vingt-neuf manières d'entendre le mot *esprit*. Vous me permettrez de les passer sous

1. Ephes., cap. VI, 4.
2. Rom., cap. VIII, 17.

silence ; d'autant que pas une seule ne s'applique bien exactement à ce que j'appelle l'esprit chrétien. On ne peut pas dire, en effet : l'esprit chrétien, absolument comme on dit : l'esprit de corps, l'esprit de parti, l'esprit national, l'esprit monarchique, l'esprit républicain, parce qu'il suppose plus que des opinions et des sentiments communs à un certain nombre de personnes. L'esprit chrétien est un ensemble de principes certains, supérieurs à la raison, correspondant à une habitude ajoutée par la grâce de Dieu à nos facultés naturelles, éclairés d'une lumière mystérieuse qui nous aide à les pénétrer et à les appliquer, fermement établis dans l'âme humaine par une adhésion impérieuse de la volonté, sûre de n'être pas trompée [1], servant de règle souveraine et infaillible à nos pensées, à nos jugements, à nos désirs, à nos affections, à nos délibérations, à nos résolutions, à nos actions. Pour tout dire, en un mot, c'est la foi que nous avons demandée au baptême ; la foi consciente, réfléchie, consolidée, agissante, maîtresse ; la foi

1. Actus fidei est credere, qui est actus intellectus determinati ad unum ex imperio voluntatis. (Summ. Theol., II^a IIe quæst. 5, a. 1.)

conformant toutes nos vues aux vues mêmes du Christ de qui nous avons reçu notre nom de chrétiens. Laissez-moi m'expliquer.

Lorsqu'un enfant est présenté au baptême, l'Église lui adresse cette question : — Que demandez-vous ? Par la bouche de ses représentants, il répond : — La foi. — Sans doute, il ne peut entendre ni comprendre les formules sacrées où se concentrent les vérités divines qu'il faut croire ; mais la force vive du sacrement les grave dans son âme endormie, sous la forme d'une habitude toute prête à les saisir au moment du réveil. Sur cette habitude, l'Esprit-Saint projette la lumière de ses dons, comme le soleil ses rayons sur les yeux clos d'un homme qui sommeille. L'esprit chrétien est commencé. Ce n'est encore qu'une puissance. Bientôt cette puissance va se mettre à l'œuvre.

La raison se dégage petit à petit des ombres et du silence qui l'enveloppent. Elle commence à distinguer les apparitions et à entendre les bruits du dehors. Elle regarde, elle écoute. Elle voit se détacher de la foule mélangée qui l'entoure des êtres bienveillants qui sollicitent son attention et dont la voix caressante lui dit : Instruis-toi.

S'instruire, c'est son besoin. Elle s'ouvre, avide et joyeuse, pour boire la vérité, son aliment, comme s'ouvraient tout à l'heure les lèvres du corps pour saisir le sein maternel d'où découlait le premier aliment de la vie physique. Parmi les vérités dont elle s'abreuve, il en est de si hautes qu'elle n'a pas de peine à les distinguer de toutes les autres, de si mystérieuses et de si profondes qu'elle ne peut les comprendre. Et, pourtant, elle n'en est point étonnée. Le baptême l'a disposée à les recevoir, comme la nature à recevoir les vérités qui s'adaptent à sa force compréhensive.

Vous avez pu constater, Messieurs, la facilité avec laquelle les vérités chrétiennes entrent dans l'âme d'un enfant et l'adhésion ingénue qui les y affermit. C'est le fruit de l'habitude surnaturelle et de la divine lumière qui commencent en nous l'esprit chrétien. Lorsque l'enfant a saisi les principes de la foi que lui propose la plus haute et la plus respectable des autorités ; lorsque sa volonté, déterminée par le tout-puissant motif de la parole divine, commande à son intelligence d'adhérer à ces principes ; lorsqu'il a bien compris que ces principes sont une règle suprême à laquelle tout doit obéir, l'esprit chrétien est formé. Il pourra s'affermir et se développer par l'étude et la connaissance de tous les motifs rationnels qui corroborent le souverain motif d'autorité auquel l'intelligence s'est soumise tout d'abord, par les actes d'humilité et de prudente réserve de l'âme luttant contre l'orgueil et la curiosité maladive qui tourmentent notre raison, par des applications pratiques souvent réitérées, et surtout par une effusion plus abondante de la grâce et de l'Esprit-Saint, mais déjà, dans les toutes jeunes âmes où la foi est consciente, réfléchie, consolidée, agissante, maîtresse, l'esprit chrétien est ce qu'il doit être : la lumière qui fait dire à l'Apôtre : « Vous êtes lumière dans le Seigneur : *Vos estis lux in Domino.* »

Oui, Messieurs, nous sommes lumière. Ces principes de la foi, émanés de Dieu même, ajustés à l'habitude surnaturelle que nous donne le baptême, éclairés par l'Esprit-Saint, fixés par une acceptation divinement motivée, régulateurs souverains et infaillibles de nos pensées, de nos jugements, de nos désirs, de nos affections, de nos délibérations, de nos résolutions, de nos actions, c'est le jour de Dieu luisant sur notre

vie, jour plein et immuable, suppléant à ce qui
manque dans ce jour incertain et changeant
que saint Paul appelle le jour de l'homme. « Que
m'importe, dit-il, d'être jugé par vous ou par
le jour de l'homme. Je fais peu de cas de ce
jugement : j'en appelle au jugement de Dieu :
*Mihi autem pro minimo est ut a vobis judicer aut
ab humano die... qui judicat me Dominus est* [1]. »

Saint Paul a raison; le jour de l'homme peut
nous tromper; le jour de Dieu ne trompe jamais.
Le jour de l'homme, c'est l'esprit humain avec
ses obscurités, ses incertitudes, ses faiblesses ;
le jour de Dieu, c'est l'esprit chrétien recevant
la lumière de sa source éternelle et la projetant
sur toutes choses. Et comme c'est par le Christ
que Dieu nous donne les principes de la foi, la
vertu qui les saisit, la grâce qui les éclaire, nous
pouvons appeler l'esprit chrétien — l'œil du
Christ ouvert sur toutes choses, une participation
à sa manière de voir, de juger et de diriger
toutes choses.

Vous me comprendrez mieux, Messieurs, si
vous voulez bien méditer avec moi la fin du texte

1. I Cor., cap. IV, 3, 4.

apostolique : « *Ut filii lucis ambulate :* Marchez comme des enfants de lumière, » et étudier les diverses applications de l'esprit chrétien.

II

Il y a en nous le **jour** de Dieu et le jour de l'homme. Pouvons-nous séparer ces deux lumières ; c'est-à-dire appliquer à telles et telles choses l'esprit chrétien, à telles et telles autres l'esprit humain ? Non, Messieurs ; cette dualité troublerait fatalement nos jugements et introduirait dans notre vie pratique les plus étranges confusions. Il ne doit y avoir dans l'âme chrétienne qu'un seul jour, le jour de Dieu. Non pas que l'esprit chrétien puisse supprimer l'esprit humain ; mais, abreuvé d'une lumière supérieure, il le complète, le rectifie, le dirige, et produit ainsi le jour unique à la lueur duquel nous devons marcher. Ce n'est pas encore le plein jour de l'éternité où il n'y aura plus d'ombres ; mais c'est, dans notre existence de passage et d'épreuve, la plus grande lumière dont nous puissions jouir. L'apôtre saint Pierre l'appelle admirable : *admirabile lumen* [1] ; et, de fait, je ne connais rien de plus admirable que cet esprit chrétien qui nous fait pénétrer le fond de toutes choses, prendre la mesure exacte de toutes choses et ordonner toutes choses à leur véritable fin.

Soit légèreté, soit impuissance, l'esprit humain ne voit guère que des superficies ; l'esprit chrétien va droit à cette profondeur sacrée de toutes choses qui est Dieu. Les premiers principes de la foi lui révèlent l'être unique en qui tout être prend sa source, et, dans ce jour que Dieu lui-même a fait, il découvre tout un monde d'opérations sacro-saintes et de perfections que n'éclaire pas le jour de l'homme. Quel martyre l'esprit humain n'a-t-il point fait subir à l'idée adorable de Dieu et de quelles mutilations ne s'est-il pas rendu coupable ! Dans ses plus beaux jours de lumière, il n'a pu voir qu'un être inaccessible, dont la froide majesté plane trop loin de notre infirmité pour que nous puissions avoir, avec elle, des rapports familiers. L'esprit chrétien, obéissant aux appels de Dieu, s'approche de lui.

1. Vos autem genus electum... ut virtutes annuntietis ejus, qui de tenebris vos vocavit in admirabile lumen suum. (I Pet., cap. II, 9.

Il ne voit pas encore les splendeurs de son essence, mais cette révélation lui est promise. En attendant, il apprend le secret de sa vie intime, et voit se déployer devant lui le spectacle de ses admirables perfections. L'esprit humain les cherche laborieusement ; l'esprit chrétien les contemple pieusement. Il les contemple, non seulement dans les sphères réservées de la métaphysique divine où ne pénètrent que les grandes intelligences, mais dans le miroir vivant que Dieu a placé sous les yeux mêmes de notre chair : le Verbe incarné, le Christ immolé ; scandale de la raison, parce qu'il est abaissé ; lumière de la foi, parce qu'il est la révélation sensible de la Trinité sainte, l'expression sublime de la sagesse, de la puissance, de la bonté, de la miséricorde, de la justice, de toutes les perfections de Dieu mises à la portée des âmes les plus simples.

Ce Dieu qui est tout, ce Christ qui est tout, l'esprit chrétien les voit en toutes choses : « *Deus omnia in omnibus* [1] *; omnia in omnibus Christus* [2]. »

Ce sont les qualités et, plus souvent encore, les imperfections des créatures qui frappent l'esprit

1. I Cor., cap. xv, 28.
2. Coloss., cap. iii, 11.

humain. C'est Dieu, c'est son Christ que cherche l'esprit chrétien : Dieu en nous, Dieu partout.

Qu'importe que nous soyons issus d'un sang illustre, comblés d'honneurs, rassasiés des dons de la fortune, doués des plus rares qualités ! Ce n'est que la superficie de notre être. Le fond de notre être, c'est Dieu, qui a gravé en nous sa sainte image ; et, si nous sommes chrétiens, c'est Dieu, qui nous honore de la communication de sa propre vie ; c'est le Père céleste, dont nous sommes les enfants, le Christ, dont nous sommes les membres, l'Esprit-Saint, dont nous sommes les temples. L'esprit chrétien voit cela : d'où ce religieux et profond respect de soi-même que ne peuvent donner ni le sentiment de l'honneur, ni le souci de la bonne renommée.

Qu'importent l'éclat, le faste et les hautes facultés de ceux qui sont au pouvoir! L'esprit humain se laisse prendre et s'arrête à ces dehors ; l'esprit chrétien les écarte pour contempler, en ceux qui commandent, l'autorité suprême d'où découle, ici-bas, toute puissance. Les principes de la foi lui apprennent que tout pouvoir légitime vient de Dieu, dans l'ordre religieux comme dans l'ordre civil. Ce n'est donc pas devant le prestige des hommes qu'il s'incline, mais devant la majesté du roi invisible qui gouverne toutes choses par ses représentants, devant la majesté du Christ, chef de l'Église et maître des peuples. Si les défauts et les vices de l'homme diminuent l'estime qu'on pourrait avoir pour sa personne, ils n'entament point dans l'esprit chrétien le respect de son autorité, si facilement compromis aux yeux de l'esprit humain.

La pauvreté, la misère, la souffrance, quand elles ne révoltent pas l'esprit humain, lui paraissent tout au plus dignes de pitié ; l'esprit chrétien les juge dignes de vénération, d'amour et de dévouement. Car, au fond de tout cela, il y a le Christ, fils de Dieu, qui a dit : « Le bien que vous ferez au plus petit de mes frères, c'est moi qui le reçois [1]. » En l'honneur d'un si grand hôte de la nature affligée, l'esprit chrétien se préoccupe beaucoup plus de remédier aux maux qu'il rencontre que de poursuivre des utopies et d'inventer des systèmes pour les supprimer.

Dans les événements où l'esprit humain ne voit que des évolutions de la nature en gésine de

[1]. Quandiu fecistis uni ex his fratribus meis minimis, mihi fecistis. (Matth., cap. xxv, 40.)

progrès, des accidents de nos passions, des jeux
de la fatalité, l'esprit chrétien cherche l'ombre
mystérieuse où se cachent les desseins de la Providence. Il en suit la trame adorable, et voit à
l'œuvre un Dieu que notre légèreté oublie, un
Dieu maître de tout et faisant marcher d'un pas
harmonieux, vers le plus sublime des buts, le
monde de la nature et le monde de la grâce.

Les plus humbles créatures se transfigurent
sous son profond regard. Celles que l'esprit humain méprise, parce qu'il les juge indignes des
hautes fonctions que la foi leur assigne, il se
prosterne devant elles, parce qu'il y voit la grâce
et les mérites du Christ, dont elles sont les sacrements. Celles que l'esprit humain n'estime que
pour les charmes extérieurs dont elles sont revê-
tues et les jouissances qu'elles procurent, il les
salue respectueusement, parce qu'il y voit les
perfections divines, dont elles sont les manifestations. Pour l'esprit humain, la nature est une fête
qui récrée, un trésor que l'on exploite ; pour l'esprit chrétien, c'est un cantique auquel l'humanité
du Christ, abrégé de tous les mondes, prête sa
grande voix : cantique des sphères voyageuses
qui illuminent le firmament, cantique des feux

2

qui travaillent le globe, cantique de la lumière et des ombres, cantique de la brise et des tempêtes, cantique des nuages et des eaux profondes, cantique des fleurs et des grands arbres, cantique des insectes et des géants de la création, cantique de tous les êtres, de toutes les forces, de tous les mouvements, de toutes les vies, répétant du jour à la nuit, de la nuit au jour : O sagesse ! O puissance ! O bonté infinie ! O Dieu tout en toutes choses ! *Deus omnia in omnibus !*

N'admirez-vous pas, Messieurs, la puissance qui nous est donnée de tout pénétrer à l'aide des principes de la foi, et ce fond divin des êtres qui nous apparaît, quand nous les regardons dans le jour de Dieu, n'est-il pas propre à élever singulièrement nos intelligences ? Mais l'esprit chrétien n'est pas moins remarquable par sa rectitude que par sa profondeur. Tout ce que nous voyons dans cette lumière incertaine et mobile, que nous avons appelée le jour de l'homme, prend des proportions exagérées de grandeur ou de petitesse qui troublent nos jugements. C'est, autour des objets mal éclairés, un jeu d'ombres bizarres sur lequel se fixent nos regards, au détriment de l'attention que nous devrions apporter à leur juste mesure. Cette mesure n'est bien prise que dans ce jour de Dieu qui éclaire en plein toutes choses, et c'est le propre de l'esprit chrétien « de saisir en toutes choses les justes proportions que Dieu leur a données : *Secundum mensuram regulæ qua mensus est Dominus* [1]. »

S'agit-il de notre valeur personnelle et de nos mérites? — L'esprit humain les exagère et s'y complaît. Oubliant trop facilement que nous ne sommes rien, que nous ne pouvons rien par nous-mêmes, il s'imagine posséder de droit ce qui n'est qu'un don gracieux de la bonté divine, et de ses faux jugements naissent l'orgueil, la vaine gloire, l'ambition et l'arrogance. L'esprit chrétien, au contraire, sait que la mesure de nos qualités, de nos talents, de tout notre être, est la dépendance ; dépendance si absolue que nous ne pouvons même pas avoir une pensée que Dieu ne nous y aide [2]. En tout ce qu'il est, en tout ce qu'il possède, il ne voit que des bienfaits qui peuvent à chaque instant lui être retirés ; il s'humilie sous

1. II Cor., cap. x, 13.
2. Non quod sufficientes simus cogitare aliquid a nobis, quasi ex nobis, sed sufficientia nostra ex Deo est. (II Cor., cap. iii, 5.)

la main libérale et toute-puissante de Dieu ; il lui renvoie toute gloire et tout honneur ; il soumet ses désirs à ses saintes volontés, et fait oublier, par sa modestie, les supériorités dont pourraient s'offenser ceux que la Providence a moins bien partagés que lui.

S'agit-il de nos connaissances ? — Le chrétien sait faire le discernement de celles qui ne sont qu'utiles et de celles qui sont nécessaires, de celles qui passent et de celles qui demeurent, de celles qui ne contentent que notre curiosité et de celles qui nous préparent aux révélations éternelles, de celles qui peuvent tromper et de celles qui ne trompent pas, de celles dont il faut se défier et de celles qui méritent une absolue confiance. A l'encontre de ceux pour qui la science humaine est une souveraine maîtresse qui doit décider de toutes choses, le chrétien estime que la foi doit passer avant toutes les sciences ; parce que la mesure de la foi, c'est l'infaillible autorité de Dieu révélateur ; la mesure des sciences humaines, c'est l'autorité contestable d'un esprit borné dont les égarements sont faciles, dès qu'il s'éloigne des premiers principes où tout le monde reconnaît l'évidente empreinte de l'éternelle vérité. Le chrétien, sûr de son jugement, n'est ni injuste, ni chagrin. Il ne rend point à la raison les superbes dédains qu'elle affiche à l'endroit de la foi, il ne méprise point les consciencieux efforts de ceux qui travaillent au progrès des connaissances humaines ; mais, plutôt, il les estime, il les encourage, il s'y associe, sans perdre de vue, toutefois, la règle divine qui assigne à tout savoir sa juste mesure.

S'agit-il de nos affections ? — Le chrétien n'en cherche point la mesure dans les charmes trompeurs qui ne parlent qu'aux sens, dans les qualités naturelles qui sollicitent nos sympathies, dans ce besoin sournoisement égoïste qu'on éprouve de se donner pour se retrouver soi-même en ceux qu'on aime ; mais dans le saint amour de Dieu, dans les devoirs qu'il impose, dans les biens qu'il fait désirer, dans l'attrait qu'il exerce là où il se manifeste et nous appelle. Ainsi, il arrête aux portes du cœur ces ardeurs inconstantes et maladives dont sont tourmentés ceux qui se laissent aller aux caprices de la fantaisie et aux emportements de l'instinct ; aussi il ouvre dans le cœur des sources fécondes de générosité et de dévouement.

S'agit-il de notre honneur ? — Le chrétien ne pense pas que l'orgueilleux désir d'être estimé de tous soit la règle inflexible de notre bonne renommée, ni que cette bonne renommée vaille mieux que le témoignage d'une bonne conscience. S'il prend mesure dans sa propre vie, il y trouve bien quelque chose qui mérite humiliation ; s'il prend mesure dans la vie du Christ, de qui il tient son nom et sa religion, il y apprend que l'opprobre immérité n'est pas indigne de l'homme, puisqu'un Dieu a bien voulu le subir. Il n'est donc pas de ceux qui croient qu'on peut impunément fouler aux pieds les lois de Dieu et de l'Église pour laver une injure, point de ceux qui applaudissent aux combats singuliers qu'engage le point d'honneur, point de ceux dont la susceptibilité outrée éternise les rancunes ; mais, rapportant, soit à quelque indignité cachée, soit à l'obligation d'imiter son Sauveur, les outrages qu'il reçoit, il les supporte avec calme et se console en celui qui a dit : « Ne craignez point l'opprobre des hommes : *Nolite timere opprobrium hominum* [1]. Pardonnez à ceux qui vous ont offensés. »

1. Isaï., cap. LI, 7.

S'agit-il de nos biens extérieurs et de nos intérêts ? — Le chrétien n'y voit point cette chose
majeure en laquelle s'absorbent les sollicitudes et
les efforts de tant de gens. La philosophie a fait
ustice de la vanité des richesses, du faste qui les
accompagne, des soucis et des chagrins dont elles
sont la cause, et, par une bouche éloquente, elle a
prononcé sur le vulgaire troupeau des cher-
cheurs d'or ce sinistre arrêt : « Pourquoi se
donner tant de peine, puisqu'il ne faut qu'une
seule mort pour tout abattre, un seul tombeau
pour tout renfermer [1]. » Mais l'esprit chrétien
possède, pour mesurer les biens et les intérêts
de ce monde, une règle plus haute et plus sûre
que la philosophie : c'est la parole de celui qui
a dit : « Une seule chose est nécessaire [2] ; que
sert à l'homme de gagner l'univers, s'il vient à
perdre son âme [3] ? » c'est l'exemple du Sauveur,
né dans l'indigence : « Ce dont il n'a pas voulu,
dit Tertullien, il l'a rejeté : *quam noluit rejecit :*

1. Bossuet, *Sermon sur la Nativité de Notre-Seigneur.*
2. Unum est necessarium. (Luc., cap. x, 42.)
3. Quid prodest homini si mundum universum lucretur,
animæ vero suæ detrimentum patiatur ? (Matth., cap. xvi,
26.)

ce qu'il a rejeté, il l'a condamné : *quam rejecit damnavit* ; ce qu'il a condamné, il l'a mis au rang des pompes diaboliques auxquelles nous avons renoncé par le baptême : *quam damnavit in pompa diaboli deputavit* [1]. » Le moyen, avec de parcilles idées, de voir dans les biens de la terre autre chose que des instruments de charité dont il faut se servir pour imiter la Providence ? Le moyen d'être âpre à la revendication de ses droits et de ne pas sacrifier ses intérêts à l'amour de la paix ?

S'agit-il de nos souffrances ? — Dans le jour de l'homme, elles apparaissent comme des fantômes lugubres dont s'épouvante et contre lesquelles se révolte, à bon droit, la nature affamée de bien-être. Dans le jour de Dieu, elles ne sont plus que des peines méritées par le péché, des prévenances de la miséricorde divine qui veut nous épargner d'éternels châtiments, des exercices salutaires qui empêchent la nature déchue de se laisser glisser sur les pentes de sa corruption, des stigmates glorieux qui nous configurent au divin capitaine dont nous devons suivre

----

1. *De idololat.*, n° 18.

les traces sanglantes pour entrer dans le royaume de l'éternelle félicité[1]. La croix est leur mesure. C'est là que le chrétien apprend à souffrir avec résignation, avec patience, avec joie, avec délices.

S'agit-il de nos actions ? — L'esprit humain, s'il ne les déforme pas, ne peut leur donner pour mesure qu'une honnêteté vulgaire. L'esprit chrétien sait que Dieu veut davantage. Sa mesure à lui c'est la sainteté : la sainteté, réclamée par le Fils de Dieu qui nous ordonne « d'être parfaits comme son Père céleste est parfait, » typiquement exprimée dans tous les actes de son admirable vie ; la sainteté, fruit de la grâce de Dieu, divinisant tout ce que nous faisons et « ouvrant, sous les pas du juste, un chemin de lumière resplendissante, qui s'avance et croît jusqu'au jour parfait de la sainteté consommée : *Justorum semita quasi lux splendens, procedit et crescit usque ad perfectam diem* [2]. »

Ce jour parfait, Messieurs, est la fin suprême et seule véritable, vers laquelle l'esprit chrétien

1. Christus passus est pro nobis, vobis relinquens exemplum, ut sequamini vestigia ejus. (I Pet., cap. II, 21.)
2. Prov., cap. IV, 18.

ordonne toutes les choses qu'il a si bien approfondies et si exactement mesurées. Pendant que la foule oublieuse regarde à ses pieds, fixe ses désirs et concentre sa tumultueuse activité sur des objets périssables où elle croit pouvoir trouver le bonheur dont elle est avide, le chrétien regarde en haut, et sa foi lui montre le souverain bien qui se promet, le souverain bien qui l'attend, le souverain bien qui doit le béatifier éternellement. — Voilà le support de ses espérances et le but de ses amours. Rien ne lui paraît bon que ce qui tend à ce but.

A ses pensées, à ses désirs, à ses volontés, à tout ce qu'il voit, à tout ce qu'il touche, à tout ce qu'il fait, il adresse cette question décisive : « *Quid hoc ad æternitatem ?* Qu'est-ce que cela pour l'éternité ? » Et, selon la réponse qu'il reçoit, il corrige ou il approuve, il écarte ou il ordonne. Il ordonne la nature à la grâce, la science à la foi, les vertus humaines aux vertus divines, les biens temporels aux biens spirituels. Lorsque tout est réglé, il s'écrie : —En avant ! Allons au ciel ! C'est son hymne de marche, de travail et de combat. On le reconnaît entre tous à la constante direction que prend tout son être vers les hautes régions où réside la divine gloire à laquelle il doit participer. Comme il a vu Dieu au fond de tout et pris la mesure de Dieu en tout, il n'existe et n'agit que pour Dieu. « S'il vit, c'est pour Dieu : *Sive vivimus, Deo vivimus ;* s'il meurt, c'est pour Dieu : *sive morimur, Deo morimur.* Qu'il vive, qu'il meure, il appartient au Seigneur : *Sive vivimus, sive morimur, Dei sumus* [1]. »

Messieurs, si vous êtes sincères, vous conviendrez avec moi qu'il faut appliquer à l'esprit chrétien ces paroles que Jésus-Christ adressait à son apôtre : « Tu es bien heureux, toi, car ce n'est ni la chair ni le sang qui t'ont révélé ces choses, mais mon Père qui est dans les cieux [2]. » En effet, cette admirable sagesse, qui voit si bien le fond de toutes choses, prend si bien la mesure de toutes choses, donne à toutes choses une direction si haute et si sûre, ne peut pas venir de la terre. Regardez-y de près, vous n'y verrez aucune trace de l'oubli, de la légèreté, de la précipitation, de l'inconsidération, des exagé-

1. Rom , cap. xiv, 8.
2. Beatus es, Simon Bar-Jona, quia caro et sanguis non revelavit tibi, sed Pater meus qui in cœlis est. (Matth., cap. xvi, 17.)

rations, des injustices auxquelles l'esprit humain se laisse si facilement aller dans ses jugements ; et il vous faut confesser qu'il n'est rien de grand, de noble et d'élevé comme l'esprit chrétien. Sa sublimité est la juste récompense des abaissements par lesquels il a commencé, en se soumettant humblement aux principes de la foi, et nulle part on ne voit mieux qu'en lui l'accomplissement de cet oracle divin : « Quiconque s'abaisse sera élevé : *Qui se humiliat, exaltabitur* [1]. »

Vous l'avez reçu, Messieurs, cet esprit chrétien dont je viens de vous dire la nature, les fonctions et les grandeurs. Qu'en avez-vous fait ? A-t-il résisté dans vos âmes aux orgueilleuses révoltes, à la téméraire curiosité, aux triviales suggestions de l'esprit humain ? J'ai bien peur que non. J'ai bien peur que vous n'ayez quitté le jour de Dieu, pour ne plus marcher que dans le jour de l'homme. Si les principes de la foi ont encore quelque valeur pour vous, ils n'ont plus cette autorité souveraine qui conforme nos vues aux vues mêmes de Dieu ; et il ne serait pas difficile, je crois, de prendre, à chaque instant, votre jugement pratique en défaut sur le fond, la mesure et la direc-

1. Luc., cap. XIV, 11.

tion de toutes choses. Vous vous appelez chrétiens ; mais, la plupart du temps, vos vues n'ont pour règle que des principes humains. La foi est un hôte à qui vous daignez donner encore une hospitalité honorable dans votre esprit ; elle n'en est plus la maîtresse. Dieu veuille que vous ne soyez pas tombés du jour incertain de l'homme dans les ténèbres de l'animalité, et qu'on ne soit pas obligé de vous appliquer cette flétrissante parole de l'Apôtre : « *Animalis homo non percipit ea, quæ sunt Spiritus Dei ; stultitia enim est illi, et non potest intelligere* [1] : L'homme animal ne perçoit plus ce qui vient de l'Esprit de Dieu ; c'est un fou qui ne peut plus rien comprendre. » — J'espère que vous n'êtes pas arrivés à ce degré d'abaissement, et que, momentanément égarés dans le jour de l'homme, vous comprendrez aujourd'hui que vous devez rentrer le plus promptement possible dans le jour de Dieu, vous rappelant que, par la grâce de votre baptême, vous êtes lumière dans le Seigneur, et que, par l'esprit chrétien, il vous faut marcher comme des fils de lumière : « *Vos estis lux in Domino ; ut filii lucis ambulate.* »

1. I Cor., cap. II, 14.

DEUXIÈME INSTRUCTION

LA LIBERTÉ CHRÉTIENNE.

—————

Messieurs,

L'esprit chrétien, lumineuse possession des principes de la foi, jour de Dieu dans nos âmes, participation aux vues éminentes du Christ, nous fait pénétrer le fond de toutes choses, prendre la mesure exacte de toutes choses, ordonner toutes choses à leur véritable fin. Qui le possède n'est plus fils de la nuit, mais fils de la lumière. Qui marche dans le rayonnement de cette lumière voit s'ouvrir devant lui le chemin de justice dont la splendeur avance et s'accroît, jusqu'au jour parfait de l'éternité, selon cette parole des Proverbes : « *Justorum semita quasi lux splendens, procedit et crescit usque ad perfectam diem* [1]. »

Mais il ne suffit pas de bien voir, il faut encore être prêt à bien faire ; et, pour cela, le chrétien doit mettre sa volonté à la hauteur de son esprit. C'est par l'équilibre divin de ces deux facultés qu'il se prépare une vie conforme à la grandeur des merveilles que Dieu a opérées en lui, à la dignité de son caractère, à la sublimité de sa vocation. Comment, Messieurs, la volonté s'élève-t-elle à la hauteur de l'esprit chrétien ? — Par la liberté chrétienne dont je viens vous entretenir aujourd'hui, en répondant à ces deux questions : — Qu'est-ce que la liberté chrétienne ? — Quelles sont les forces d'esclavage contre lesquelles elle doit s'affirmer ?

I

Nous avons tous le profond sentiment du droit de penser, de dire et de faire ce qui est juste et légitime, tous la volonté déterminée de faire prévaloir ce droit contre toute opposition, tous

1. Prov., cap. iv, 18.

l'amour de la liberté; amour d'autant plus vif et
tenace qu'il est la plus puissante affirmation de
notre personnalité, la plus haute expression de
notre dignité. Un homme pèse plus dans la balance de notre estime par la force de caractère,
qui lui assure une noble indépendance, que par
les éminentes qualités de son esprit et l'étendue
d'une vaste science. Mettez en présence un génie
transcendant dans une âme servile, et un esprit
vulgaire dans une âme vraiment libre, nous
n'hésiterons pas, si nous avons l'instinct de la
véritable grandeur, et nos préférences iront à la
liberté. La servilité abaisse les plus belles intelligences et leur fait prostituer, quelquefois, à l'erreur et à l'iniquité, des dons qui ne devraient
servir qu'au triomphe de la vérité et de la justice;
la liberté relève les plus humbles esprits, et leur
inspire, quand il le faut, de hautes pensées et de
sublimes paroles.

Je ne m'étonne donc point de voir l'homme
tant aimer la liberté; rien de plus naturel, rien de
plus juste. Quelles peuvent être les conséquences
de cet amour dans l'ordre purement politique et
civil? Je n'ai point à vous le dire, Messieurs,
vous le comprenez bien. Les religieuses médita-

tions de cette retraite ne me permettent pas le plus petit écart vers des questions qui troubleraient notre recueillement, sans compter le péril qu'y rencontrerait ma parole. Je m'abstiendrai même de vous montrer comment l'amour de la liberté peut dégénérer en passion malsaine et funeste, en une sorte d'idolâtrie stupide qui confond le droit avec le pouvoir de tout penser, tout dire et tout faire, réclame pour le mal des immunités qui ne sont dues qu'au bien, et se prépare le châtiment des plus honteuses et des plus abominables servitudes. Je reste dans ma question et ne veux traiter ici que de la liberté chrétienne, nécessaire compagne de l'esprit chrétien.

Le Sauveur nous l'a promise, lorsqu'il a dit : « Vous connaîtrez la vérité, et la vérité vous fera libres : *Cognoscetis veritatem, et veritas liberabit vos* [1], » et il y a diverses manières de l'entendre.

Le protestantisme a choisi celle qui flattait le mieux les passions exubérantes d'où est née la Réforme. « Christ nous a sauvés en nous imputant sa justice, disait-il, voilà le principal objet de notre foi. Si nous croyons fermement cette

1. Joan., cap. VIII, 32.

vérité, nous sommes libres, c'est-à-dire il n'y a plus pour le chrétien ni loi divine, ni loi ecclésiastique, ni loi humaine ; le péché, sous quelque forme qu'il se produise, n'a plus le pouvoir de nous asservir, pourvu que nous ne perdions jamais la confiance que nous sommes sauvés en Christ. » Cette liberté monstrueuse, ouvertement prêchée par les patriarches de la Réforme et donnant droit à tous les crimes, blessait trop profondément les plus vulgaires instincts de pudeur et d'honnêteté, pour qu'elle pût s'imposer perpétuellement à une société religieuse. Le protestantisme a modifié les principes de ses pères ; cela devait être. Je ne le suivrai pas dans ses infinies variations et ne discuterai pas avec lui son interprétation louche et incomplète de la liberté chrétienne. J'ai mieux à faire que cela. Je demande à saint Paul, interprète sublime de l'Évangile, ce que le chrétien doit entendre par ces paroles : être libre.

Etre libre, dit l'Apôtre, c'est être fils de l'épouse immaculée que le Christ a revêtue de la pourpre de son sang et à laquelle il s'est attaché par une loi d'amour ; et non pas de la servante que Dieu a miséricordieusement retirée de l'universelle prostitution de l'idolâtrie, qu'il s'est attachée par des promesses temporelles et qu'il a tenue courbée, pendant la longue vie du judaïsme, sous le joug d'une loi de crainte : fils de l'Église, et non de la Synagogue. Le juif charnel servait Dieu pour obtenir de lui la rosée du ciel et la graisse de la terre ; le chrétien obéit à l'attrait des biens spirituels que lui promet la douce familiarité de l'amour divin. Le juif était assujetti à une multitude d'observances légales qui ne purifiaient que sa chair; le chrétien, soumis à une législation plus large, ne demande qu'à un petit nombre de rites sacrés la purification de son âme, et se sent plus à l'aise dans les mouvements et les allures de sa vie religieuse. Le juif n'était qu'un serviteur contraint; le chrétien est libre comme un fils de famille : « *Non sumus filii ancillæ, sed liberæ, qua libertate Christus nos liberavit* [1]. »

Etre libre, c'est être affranchi de l'effroyable servitude du péché qui déshonorait le monde antique et qu'entretenait partout la cruelle domination de l'esprit de ténèbres ; c'est jouir des

1. Galat., cap. IV, 31.

salutaires influences de la justice qui nous a été rendue avec abondance par le sang du Christ : « *Cum servi essetis peccati, liberi fuistis justitiæ*[1]. » C'est n'être plus enchaîné par cette loi terrible qui faisait languir les justes et les obligeait d'attendre un rédempteur, pour entrer en possession du souverain bien ; c'est recevoir, avec l'esprit de vie, le droit d'obtenir immédiatement l'éternelle récompense due à la vertu : « *Lex spiritus vitæ liberavit me a lege peccati* [2]. »

Etre libre, c'est être pour jamais délivré de tout ce qu'il y a en nous de corruptible et de mortel ; c'est briser les liens d'une chair défaillante, trop souvent visitée par la douleur ; c'est la semer dans le tombeau, pour qu'elle y attende le mystérieux travail de la résurrection ; c'est la reprendre, pour l'abreuver de gloire et d'immortalité, puisées à l'intarissable source où s'enivrent les enfants de Dieu : « *Ipsa creatura liberabitur a servitute corruptionis, in libertatem gloriæ filiorum Dei* [3]. »

Saintes libertés du chrétien, je vous bénis !

1. Rom., cap. vi, 20.
2. *Ibid.*, cap. viii, 2.
3. *Ibid.*, cap. viii, 21.

Mais est-ce bien là tout ce que le Christ m'a promis, et ne dois-je plus rien attendre ? Grand apôtre, qui parlez si bien, avez-vous épuisé toutes les interprétations de la parole évangélique et n'avez-vous plus rien à me dire ? — Ecoutez, Messieurs, écoutez : voici le dernier mot de la liberté chrétienne : « *Verbum Dei non est alligatum, ideo omnia sustineo* [1] : La parole de Dieu n'est point enchaînée, voilà pourquoi je supporte tout. » Et quelle est donc cette parole de Dieu qu'on ne peut enchaîner et pour laquelle le courageux Paul supporte toutes les contradictions? Est-ce le discours apostolique qui tombe de ses lèvres généreuses et se répand sur toutes les Églises de la chrétienté naissante? C'est cela, Messieurs, et autre chose encore. — C'est la parole donnée et la parole reçue, c'est le catéchisme de l'Apôtre et la vérité qu'il a fait entrer dans les âmes ; la vérité connue de l'esprit chrétien, la vérité qui nous fait libres : « *Cognoscetis veritatem, et veritas liberabit vos.* » Tous ces principes de la foi qu'illumine l'Esprit-Saint et au moyen desquels l'esprit chétien participe aux

1. II Tim., cap. ii, 9.

vues mêmes du Christ, n'est-ce pas le Verbe de
Dieu ? Eh bien! ce Verbe de Dieu ne peut pas être
enchaîné; c'est-à-dire que personne au monde
ne peut empêcher le chrétien d'y croire, de les
confesser publiquement et d'en faire la règle souveraine de sa vie; et il est prêt à supporter
toutes les contradictions pour affirmer et défendre
son droit. Voilà la liberté chrétienne. Nous pouvons la définir : le sentiment profond du droit de
penser, de parler et d'agir conformément aux
principes de la foi, la volonté déterminée et inébranlable de faire prévaloir ce droit contre toute
contradiction, et, parce que la nature peut faillir
dans la lutte, la ferme confiance qu'elle sera soutenue par Celui qui est force aussi bien que
lumière, par Celui dont l'Apôtre a dit : « *Ubi Spiritus, ibi libertas :* Où est l'Esprit de Dieu, là est la
liberté. » N'est-ce point cette liberté que mon
Sauveur a promise à ses apôtres et, en leur personne, à tous les chrétiens, lorsqu'après avoir
annoncé son Paraclet, il ajoutait : « Vous serez
mes témoins : *Eritis mihi testes* [1]. On vous conduira devant les juges et devant les rois pour

1. Act., cap. i, 8.

témoigner... Ne craignez pas ceux qui tuent le corps, et ne peuvent tuer l'âme [1]... Vous serez opprimés dans le monde; mais, ayez confiance, j'ai vaincu le monde [2]! » Liberté sainte et plus vivace que toutes les libertés! Liberté nécessaire à l'esprit chrétien, dont la merveilleuse lucidité serait fatalement compromise, s'il laissait entamer les principes de sa foi.

Sachez-le bien, Messieurs, l'esprit chrétien et la liberté chrétienne ne vont pas l'un sans l'autre, puisque nous sommes à la fois enfants de Dieu et soldats du Christ. L'esprit chrétien est le signe visible de notre filiation, dont le caractère sacramentel du baptême est le signe invisible; la liberté chrétienne est le signe visible de notre virilité sacrée, dont le caractère sacramentel de la confirmation est le signe invisible.

J'ai défini, Messieurs. Maintenant que nous savons ce qu'est la liberté chrétienne, voyons

---

1. Ad præsides et ad reges ducémini propter me, in testimonium illis et gentibus... Nolite timere eos qui occidunt corpus, animam autem non possunt occidere. (Matth., cap. x, 18, 28.)

2. In mundo pressuram habebitis : sed confidite, ego vici mundum. (Joan., cap. xvi, 33.)

quelles sont les forces d'esclavage contre lesquelles elle s'affirme.

II

Si les principes de la foi ne rencontraient
aucune opposition, la liberté chrétienne serait
assurément plus à l'aise ; mais aussi elle serait
moins méritoire et moins glorieuse, l'âme n'y
jouirait pas de l'inexprimable joie ni de la sainte
fierté qui suivent les bons combats. En nous promettant la liberté, le Christ a voulu qu'elle fût
laborieuse, et qu'elle s'affirmât virilement contre
les forces d'esclavage qui conspirent à enchaîner
le Verbe de Dieu fixé dans les principes de la foi,
forces du dehors, forces du dedans : c'est-à-dire
contre la violence des pouvoirs, la tyrannie de
l'opinion, la corruption et les exigences de la
nature.

Dieu a établi les pouvoirs humains pour
qu'ils fussent les ministres de son action
providentielle sur les sociétés, afin de pourvoir
temporellement à l'ordre public, au bien public.
Il s'est réservé de régler lui-même les rapports
de l'homme avec sa très haute et très sainte ma-

jesté, ayant trop de respect de la vérité et de la conscience humaine pour laisser à qui que ce soit le droit d'en disposer à sa fantaisie.

Vous vous rappelez sans doute ces principes, Messieurs. Je m'en suis servi l'an dernier pour résoudre la grande question de l'indépendance de l'Église; ils ont la même force dans la question de liberté qui intéresse en particulier chaque chrétien. Mais tel est l'enivrement de la puissance humaine qu'elle aveugle ceux qui la possèdent au point que, non contents de la part qui leur a été faite, ils empiètent sur les réserves de Dieu. C'était la prétention et le crime des dominateurs du monde de vouloir être maîtres de la religion, comme ils étaient maîtres des affaires politiques et civiles à l'époque où naissait le christianisme. Aucun Dieu ne pouvait monter sur les autels, aucun culte ne pouvait lui être rendu, sans leur agrément. Aussi, quelle ne fut pas leur stupeur, lorsqu'ils virent l'empire envahi par une foule de croyants qui se passaient de leur permission pour adorer un Dieu inconnu dans le panthéon officiel, publier sa doctrine, et mener, conformément aux principes d'une foi nouvelle, une vie étrange qui condamnait la corruption des mœurs païennes ! Quelle ne fut pas leur colère, lorsqu'ils entendirent cette foule répondre à leurs décrets d'interdiction par cette fière parole : « *Verbum Dei non est alligatum : ideo omnia sustineo* : On n'enchaîne pas le Verbe de Dieu, la foi du Christ ; nous sommes prêts à tout souffrir pour défendre notre liberté !» Ce ne fut plus alors une simple interdiction, mais une persécution féroce. Habitués à dompter les esclaves par la crainte des supplices, les Césars crurent que la violence viendrait à bout des soldats du Christ. Ils se trompaient. Une lutte horrible de trois cents ans, entre bourreaux et victimes, aboutit au triomphe public de la liberté chrétienne.

Messieurs, en face de ce triomphe, les pouvoirs humains n'ont ni abdiqué leurs prétentions, ni déposé les armes. Chaque siècle qui s'est écoulé, depuis l'ère des grandes persécutions, a vu se renouveler, çà et là, les luttes de la liberté chrétienne contre leurs violences. Nous avons tout lieu de craindre que ces luttes ne s'aggravent pour nous. Il est bien vrai que le souffle de liberté qui agite les générations modernes devrait profiter à notre indépendance religieuse. Mais les contradictions impudentes ne coûtent guère aux ennemis de la foi. La liberté, pour eux, c'est le droit d'abuser sans vergogne du pouvoir qu'ils confisquent ; et, quand il s'agit de faire triompher contre l'affirmation, dix-huit fois séculaire, des principes chrétiens, non plus la cause des faux dieux, mais la cause de l'athéisme, ils sentent s'éveiller en eux tous les instincts autocratiques des Césars. Si l'adoucissement de nos mœurs ne leur permet plus les persécutions sanglantes, ils y suppléent par des proscriptions savantes, par des vexations ordonnées qui atteignent d'abord la liberté chrétienne dans ses plus hauts représentants, pour descendre ensuite dans le menu peuple, par une légalité hypocrite et tracassière qui confisque l'autorité paternelle, trouble les familles et n'a pas d'autre but que d'étouffer le Verbe de Dieu dans la source d'où il jaillit sur les générations chrétiennes, l'éducation de l'enfance. Au vieux glaive, trop lourd pour leurs mains démocratiques, ils menacent de substituer la famine, en dénonçant les traités passés avec l'Église ; comme s'ils pouvaient empêcher le Fils de Dieu de relever le prestige de son apostolat, après qu'ils l'auront déconsidéré par la mendicité.

Allez, Césars, allez ; si vos agissements de sectaires haineux épouvantent une foule de timides, les obligent à se taire et à se cacher, nous ne manquerons pas, je l'espère, de vrais et solides chrétiens qui sauront dire : « *Non sumus ancillæ filii, sed liberæ, qua libertate liberavit nos Christus:* Nous ne sommes pas les fils de la servante, mais de la femme libre ; et c'est le Christ qui nous a fait cette liberté. » — Puissance séculière, écoute bien : La synagogue n'était qu'une servante ; toi, tu es encore moins que la synagogue. Elle, on l'employait aux offices sacrés ; toi, tu n'es députée qu'aux offices profanes, les plus humbles du gouvernement providentiel. Nous sommes tes clients et non pas tes enfants. Si nous te devons le respect de l'office que Dieu t'a confié, tu nous dois le respect de notre divine filiation. Demande-nous tout ce qui, dans l'ordre temporel, peut concourir au bien public ; mais ne touche, ni de loin, ni de près, à notre foi, car c'est par là que nous sommes les fils de la femme libre, la sainte Église, épouse du Christ. Servante de Dieu, notre amour de la liberté n'est point cet amour insolent qui craint le joug des autorités humaines, toujours prêt à les contester, quand il ne se révolte pas violemment ; mais c'est un amour éclairé qui prétend obéir à la mère de famille plutôt qu'à la servante. Trouble la maison de ton maître éternel par tes prétentions et tes violences sacrilèges ; si habilement déguisées qu'elles soient, elles ne nous feront pas taire. Non, nous ne nous révolterons pas, mais nous protesterons, nous résisterons, nous saurons dire, comme l'Apôtre : « *Verbum Dei non est alligatum* : On n'enchaîne pas le Verbe de Dieu. Nous sommes prêts à tout supporter, plutôt que de subir, dans l'ordre de la foi, l'esclavage des pouvoirs humains : *Ideo omnia sustineo.* » Et, quoi qu'il arrive, la liberté chrétienne sera toujours consolée des tristesses et des angoisses de l'heure présente par la certitude que Dieu sait chasser à propos de sa maison les servantes qui abusent de sa confiance, et qu'il ne rompra jamais avec son épouse, la femme libre, notre sainte Mère l'Église.

Messieurs, la violence des pouvoirs n'est pas la seule force d'esclavage qui oblige la liberté chrétienne à s'affirmer. Il en est une autre, plus universelle et plus dangereuse, contre laquelle le chrétien se tient moins en garde, parce qu'elle attaque avec moins de brusquerie : je veux parler de la tyrannie de l'opinion.

Entendons-nous bien. L'opinion dont il s'agit ici n'est point cet ensemble de vérités évidentes qui courent le monde, et de probabilités graves autour desquelles se rallient les meilleurs esprits, vérités et probabilités auxquelles il est nécessaire et honorable de se soumettre. C'est un ensemble de faux jugements et de fausses maximes, qui constituent ce que l'on peut appeler l'esprit du monde en opposition avec l'esprit chrétien. Ainsi entendue, l'opinion fait aux principes de la foi et à leurs applications pratiques une guerre incessante. L'autorité divine, qu'elle oublie ou dont elle ne veut pas tenir compte, doit s'effacer devant ses décisions. Lorsqu'elle a décrété que tel point de doctrine est absurde, telle autre étrange, que telle manière de faire est petite, telle autre exagérée, elle prétend qu'on se soumette à ses décrets, comme si le nombre pouvait faire loi contre les enseignements et les prescriptions de la sagesse éternelle. Je serais infini, Messieurs, si je voulais détailler les oppositions de l'esprit du monde et de l'esprit chrétien. On les rencontre dans la vie privée comme dans la vie publique, et partout l'opinion prend des allures tyranniques devant lesquelles il faut se courber, sous peine d'encourir ses mépris et ses railleries. D'où cette crainte puérile du *qu'en dira-t-on*, ces abdications tremblantes de la liberté chrétienne, cette vulgaire lâcheté que l'on appelle le respect humain.

. N'en êtes-vous pas les esclaves humiliés, Messieurs? Engendrés à la foi par le baptême, élevés chrétiennement, investis du droit de penser, de parler et d'agir conformément à vos croyances, fortifiés par l'Esprit-Saint pour faire prévaloir ce droit contre toute contradiction, libres enfin, n'avez-vous pas sacrifié votre liberté à l'opinion? J'ai honte de le dire; mais il y a des chrétiens qui, par égard pour des jugements sans autorité et sans portée, qui, sous la pression de quelques plaisantins, plus habiles à railler qu'à raisonner, mutilent leur foi et croient avoir purgé leur symbole quand ils l'ont défiguré par la suppression de quelque vérité majeure. Ceux-ci respectent l'autorité des principes de leur foi; mais ils n'osent plus en parler, tant ils ont peur des fatigues de la lutte et, plus encore, des rires indécents qui les feraient rougir. Ceux-là osent encore confesser leur foi, surtout dans les occasions critiques où elle est trop ouvertement attaquée ; mais ils n'ont plus le courage d'en exprimer dans leur vie religieuse les conséquences pratiques, parce qu'ils craignent de paraître étranges en ne faisant pas comme tout le monde. Presque tous estiment encore l'autorité divine qu'ils outragent, et méprisent l'opinion qu'ils subissent ; et, cependant, ils abdiquent devant elle leur liberté. Esclaves ! Ne voyez-vous pas que, si tous les chrétiens vous imitaient, la foi n'aurait plus de vie publique et périrait bientôt étouffée dans les cœurs pusillanimes, catacombes ruineuses, dont la peur ferait crouler les murs !

Heureusement, Messieurs, qu'au milieu de ces esclaves, il y a des libres sur lesquels les lâchetés du respect humain n'ont pas de prise. Quoi qu'on pense, quoi qu'on dise, ils veulent avoir le droit de croire tout ce que Dieu leur a enseigné, de confesser hautement leur croyance, et de régler, au grand jour de la publicité, leur vie extérieure d'après les principes de leur foi. On les trouvera singuliers : qu'importe ! Jésus-Christ a dit aux siens : « *Vos non estis de hoc mundo*[1] : Vous n'êtes

______

1. Joan., cap. xv, 19.

pas de ce monde.» On estimera qu'ils sont petits : qu'importe ! Leur conscience leur rend témoignage qu'ils sont grands. On les méprisera : qu'importe ! Leur maître a été méprisé. On se moquera d'eux : qu'importe ! Ils aiment mieux cela que d'entendre un jour les suprêmes railleries que Dieu fera pleuvoir sur la tête humiliée des esclaves de l'opinion et de la coutume. Ce n'est pas l'opinion, ce n'est pas la coutume qui les jugera, maïs Celui qui a dit : « Quiconque rougira de moi et de ma doctrine, le Fils de l'homme rougira de lui devant son Père [1]; quiconque me confessera devant les hommes, je le reconnaîtrai devant mon Père[2]. » Voyez-les, ces braves, comme ils marchent la tête haute et le cœur ferme au-devant des faux jugements et des fausses maximes qui font trembler les pusillanimes! La tyrannie de l'opinion se brise sur l'inviolable airain de leur conscience ; pour tous les blasphèmes et pour tous les sophismes ils ont des répliques vigoureuses et triomphantes, et l'im-

1. Qui me erubuerit, et meos sermones, hunc Filius hominis erubescet. (Luc., cap. IX, 26.)

2. Qui confitebitur me coram hominibus, confitebor et ego eum coram Patre meo, qui in cœlis est. (Matth., cap. X, 32.)

muable régularité de leurs pratiques chrétiennes
résiste invinciblement aux pressions de la coutume qui prétend tout soumettre à ses lois. Toutefois, leur noble attitude n'est point celle d'un
pharisaïsme hautain, dédaigneux et intolérant.
Ils ne refusent point d'accorder au monde ce qui
n'offense ni la foi ni les mœurs chrétiennes. Ils
ne méprisent point ceux qui défaillent, parce
qu'ils ont la conviction qu'ils feraient comme
eux, si la grâce de Dieu ne les fortifiait. Ils aiment mieux croire à la bonne foi de l'ignorance
qu'à la perversité de l'erreur. Ils ne résistent à
l'esprit du monde que pour faire prévaloir contre
lui l'autorité du sens chrétien. Enfin, possédés
par l'Esprit de Dieu, ils veulent être libres et ils
le sont : « *Ubi Spiritus, ibi libertas.* »

Cependant, la liberté chrétienne n'est point
encore définitivement assurée quand elle s'est
affirmée contre les ennemis du dehors : ceux du
dedans sont plus à craindre et font plus d'esclaves, parce qu'il nous est impossible de nous
dérober à leur violence et à leur tyrannie. Dus-
sions-nous vivre sous l'empire d'un pouvoir ami
et d'une opinion chrétienne, notre liberté serait
encore menacée par la corruption et les exi-

gences de la nature. Qui ne sait que notre chair est pleine d'appétits redoutables, dont les trop fréquentes satisfactions engendrent l'habitude et, dans l'habitude, le plus honteux des esclavages? Qui ne sait que nos intérêts et nos affections sont souvent en lutte avec les devoirs supérieurs que nous impose la foi? Je n'aurais pas de peine, Messieurs, à trouver parmi vous bon nombre de chrétiens qui se feraient un point d'honneur de résister à la violence des pouvoirs et de braver la tyrannie de l'opinion, et qui cependant sont enchaînés par la corruption et les exigences de la nature. Si l'esprit chrétien s'est affaibli dans vos âmes, s'il y a de l'obscurcissement et des mutilations dans vos croyances, n'est-ce pas parce que le péché auquel vous vous êtes habitués est ami des ténèbres, et qu'une foi trop claire et trop vive contrarierait des penchants qu'il vous plaît de satisfaire? Si vous vous sentez obligés à un silence honteux qui étouffe la confession de votre

n'est-ce pas parce que cette confession serait la condamnation de vos mœurs déréglées? Si vous avez supprimé des pratiques religieuses nécessaires à la vie libre du chrétien, n'est-c pas parce qu'elles sont incompatibles avec les

liens criminels que vous ne voulez pas rompre,
ou parce que vous avez subi, plus qu'il ne fallait,
l'entraînement des affaires et des plaisirs qui
dévorent votre activité, au détriment des œuvres
saintes que Dieu demande de vous ? Finalement,
vous n'êtes plus libres.

Apprenez donc, du vrai chrétien, comment on
affirme sa liberté en face des contradictions de
la nature. Il est pétri du même limon que vous ;
il a reçu, comme vous, cette blessure originelle où
fermente le levain de nos basses passions ; il sent,
comme vous, la violente poussée des appétits
dont la chair est tourmentée ; mais il est fermement résolu à faire prévaloir, contre ces forces
d'esclavage, la sainte liberté des enfants de
Dieu. Il ne craint rien tant que l'habitude, il la
voit venir, il l'arrête au moment où elle va s'établir. A-t-il commis une faute ? il ne veut pas
qu'elle soit le premier anneau d'une chaîne qui
l'enlace ; vite, il s'en débarrasse par le repentir et
la purification de son âme. Autant de fois il
tombe, autant de fois il se relève avec vigueur.
La confession hardie de sa foi et la fidélité aux
pratiques chrétiennes lui semblent le meilleur
moyen de parer aux désordres qui le condamne-

raient à se taire et à s'abstenir. Il donne à ses intérêts le temps et les soins qu'ils exigent; mais, dans sa vie sagement ordonnée, il sait faire à Dieu une part que rien ne peut lui ravir. Il livre généreusement son cœur à toutes les affections légitimes ; mais il en reste le maître et sait les sacrifier aux devoirs que lui impose le plus grand des amours, l'amour de son Dieu. Il a contre lui-même de saintes audaces; mais, dans ces audaces, rien de présomptueux ni de téméraire. Lui qui ne craint rien des puissances du dehors, il a toujours peur d'être surpris par celles du dedans, et cette sage défiance de lui-même est le principe d'une vigilance incessante qui tient à l'écart tout ce qui pourrait nuire à sa liberté.

Donc, point de joug de la nature corrompue, point de joug de l'opinion tyrannique, point de joug des pouvoirs oppresseurs sur ce vaillant homme. Encore une fois, il est libre. Il l'est à ce point, Messieurs, que les plus extrêmes violences servent au triomphe de sa liberté. Les persécuteurs s'imaginent parfois qu'ils pourront étouffer dans la mort sa pensée, sa parole, sa vie indépendante ; mais, précisément, la mort est pour lui le témoignage suprême de sa foi, l'application héroïque des principes qu'il veut croire et confesser, l'affirmation obstinée du droit qu'il veut faire prévaloir, la plus évidente preuve qu'il ne veut se soumettre à aucune force d'esclavage. L'Apôtre a dit : « C'est quand je souffre que je suis puissant : *Cum infirmor, tunc potens sum* [1]. » — Il ajoute : « C'est quand je meurs que je suis libre : *Cum morior, tunc liber sum.* » La mort, en effet, est la délivrance de tout ce qui pourrait l'asservir ici-bas, et la porte triomphale par où son âme affranchie va prendre possession de l'éternelle liberté des enfants de Dieu : « *Libera- bitur... in libertatem filiorum Dei.* »

Et l'on dit que le chrétien est esclave ! Esclave de l'ignorance, de la superstition, de lois abrutissantes et d'institutions rétrogrades ! Ceux qui disent cela ont-ils bien fait leur examen de conscience ? Et, parmi eux, les plus bruyants insulteurs de la liberté chrétienne ne sont-ils pas les esclaves assermentés des impitoyables sectes dans lesquelles ils se sont enrôlés, et dont le joug pèse sur eux, jusque dans la mort ? En agitant l'esprit public, en répandant partout, sous le nom de

1. II Cor., cap. xii, 10.

liberté, le souffle de la Révolution, en injuriant les choses saintes, en persécutant les enfants de Dieu, font-ils autre chose que d'exécuter un mot d'ordre? Le pouvoir, les honneurs, les biens dont ils jouissent, toute cette fortune inopinée qui relève tout à coup, comme un jeu de féerie, leur bassesse d'aventuriers, n'est-ce pas le prix de leur honteuse servilité? S'ils voulaient se dégager des liens qui les enlacent, le pourraient-ils impunément? Ne monte-t-on pas la garde autour de leur conscience, pour en prévenir le réveil? N'isole-t-on pas leur lit funèbre, pour qu'aucune voix sacrée ne réponde par un pardon au cri de leur âme angoissée? Ne s'empare-t-on pas de leur cadavre, pour s'en servir comme d'un trophée en l'honneur de la libre pensée? — Et ils ont chanté la liberté! — Misérables esclaves!

Plaignez-les, Messieurs, et félicitez-vous de n'être pas tombés aussi bas. Mais, pourtant, n'oubliez pas d'interroger votre âme, et de lui demander compte de ses faiblesses et de ses défaillance. Si vous avez, obéissant aux forces d'esclavage que je viens de mettre en face de la liberté chrétienne, sacrifié quelque chose de votre droit de penser, de parler et d'agir conformément aux principes de votre foi, relevez-vous noblement et vigoureusement sous le souffle de l'Esprit de Dieu. Soyez libres, c'est votre vocation : « *Vos in libertatem vocati estis.* »

TROISIÈME INSTRUCTION

LA VIE CHRÉTIENNE.

Messieurs,

Nous savons comment on voit chrétiennement, comment on veut chrétiennement ; il nous faut apprendre aujourd'hui comment on vit chrétiennement.

Les premiers sacrements, qui nous régénèrent et nous fortifient, ne nous font enfants de lumière et de liberté que pour nous préparer à mener une vie nouvelle : « *Ut nos in novitate vitæ ambulemus.* » Sans doute, nous ne sortons pas, comme les générations auxquelles s'adressait l'apôtre saint Paul, de l'abominable corruption du paganisme ; mais le principe de cette corruption est en nous par le péché d'origine, il agit autour de nous dans ce qu'on appelle la vie mondaine, sorte de prolongement des mœurs païennes. Or, l'effet propre du baptême est de renouveler notre être, en substituant à la mort du péché la vie de la grâce, au principe de corruption un principe de perfection, et de nous engager à des œuvres saintes par lesquelles la sainte nouveauté de notre être se manifeste et proteste contre les œuvres d'iniquité que multiplie, dans le monde, l'influence de l'esprit pervers et maudit auquel nous avons renoncé. Toute la vie chrétienne est là, et l'Apôtre me paraît l'avoir parfaitement résumée en ces quelques paroles : « Le Christ s'est donné à nous et il se donne encore par ses sacrements, afin de nous purifier et de faire de nous un peuple agréable à Dieu et fécond en bonnes œuvres : *Ut mundaret sibi populum acceptabilem, sectatorem bonorum operum*[1]. »

Je vous prie, Messieurs, d'écouter attentivement le commentaire de ces paroles, et de considérer avec moi le fond même de la vie chrétienne et ses manifestations caractéristiques : c'est le sujet de notre instruction.

1. Tit., cap. II, 14.

I

Lorsque nous disons de quelqu'un qu'il mène une vie chrétienne, nous le jugeons d'ordinaire sur ses actions extérieures, sans nous préoccuper de ce qui se passe en son âme. Cependant, Messieurs, c'est là que la vie chrétienne a été mise d'abord, là qu'elle réside comme en son fond le plus intime, de là qu'elle rayonne sur toute notre existence. Avant d'être un ensemble d'œuvres visibles, elle est un état, un foyer d'activité sainte et d'influences bénies d'où nos actions tirent tout leur prix. La vie chrétienne, c'est la vie même de Dieu communiquée à notre âme, en vertu des mérites du Christ, par l'acte sacramentel qui nous engendre surnaturellement ; c'est cette mystérieuse et ineffable transformation qui fait de nous les fils de Dieu, les héritiers du ciel, les membres du Christ, les réceptacles vivants de sa plénitude, les temples du Saint-Esprit et les dociles organes de ses motions divines. En un mot, la vie chrétienne c'est la grâce, c'est-à-dire la plus parfaite ressemblance qui se puisse concevoir de notre âme avec Dieu. Cette ressemblance, Dieu la cherche en nous, Messieurs ; en elle il se complaît, par elle nous sommes agréables à son très pur et très saint regard. Imaginez les plus beaux dons de la nature dans une âme qui n'a que cela, les plus cruelles privations et difformités dans une âme qui possède la grâce, c'est celle-là que Dieu préfère et agrée, il n'y a que celle-là qui soit pour lui l'âme acceptable : *animum acceptabilem.* Je vais plus loin. Supposez dans une âme l'illumination la plus parfaite des principes de la foi, les plus profondes, les plus droites, les plus hautes vues de l'esprit chrétien, les plus courageuses déterminations de la liberté chrétienne ; s'il est possible que cette âme n'ait pas la grâce, Dieu ne se reconnaît pas en elle, Dieu ne l'accepte pas. Il a déclaré publiquement que son Fils est l'objet de ses complaisances, parce que son Fils est la vivante image de sa propre substance, et, du même coup, il a déclaré qu'il ne peut se complaire en nous qu'autant que nous sommes, par la grâce, une dépendance de la vie de son Fils, et comme lui ses images vivantes.

Voilà donc la vie chrétienne dans son fond le plus intime. Transformation surnaturelle de notre âme, elle en fait, entre toutes les choses créées, la plus merveilleuse des nouveautés et attire sur elle les complaisances de Dieu. Remarquez bien, je vous prie, que ce n'est point un état purement passif, mais un foyer d'activité sainte et d'influences bénies qui nous rend agréables à Dieu dans tout l'épanouissement de notre être. La nature humaine est un arbre fécond que Dieu a planté pour y cueillir des fruits de vie ; ces fruits sont nos œuvres. Or, nos œuvres restent vulgaires et sans prix, et Dieu ne daigne pas y regarder, si elles ne sont pénétrées de la sève surnaturelle dont il nous a animés en nous communiquant sa propre vie. Faites de grandes et sublimes actions, étonnez le monde et remplissez-le du bruit de votre renommée, soyez les idoles de l'opinion publique, si tout ce que vous faites n'a point d'autre principe que la nature, Dieu ne l'a point pour agréable, et il ne doit aux vains fruits de notre vaine activité que de vaines récompenses. Au contraire, suivez le train ordinaire d'une vie humaine, mangez, buvez, dormez, allez, venez, conversez, occupez-vous de vos toutes petites affaires d'intérêt, de religion, de justice et de charité, ignorés de tous ne faites

que des actions simples et sans éclat ; si ces actions ont la grâce, autrement dit la vie chrétienne
pour principe, Dieu s'y complaît, parce qu'il y
découvre comme un mérite infini, dù aux influences de sa vie, à la coopération de son Fils,
à la motion de son Esprit-Saint, et il se croit
obligé de les récompenser par le plus grand don
de sa libéralité : la gloire éternelle.

J'espère, Messieurs, que ces explications, qu'il
m'est impossible d'étendre davantage, vous éclai-
reront suffisamment sur le sens profond de cette
parole de l'Apôtre : — « un peuple agréable à
Dieu : *populum acceptabilem.* » —Mais pourquoi
me suis-je arrêté à considérer le fond même de la
vie chrétienne? Pourquoi ai-je attiré votre attention sur une vérité que vous trouvez peut-être
trop mystique? — Pourquoi, Messieurs? — Parce
que cette vérité est capitale dans l'ordre pratique
et que vous n'en comprenez pas assez l'importance.
Comme je vous le disais en commençant, vous
faites consister la vie chrétienne en des choses
extérieures qui ne peuvent être que des manifestations du principe vital par lequel est transformée notre nature. Trompés par cette illusion,
vous vous imaginez être chrétiens, lorsqu'en réa-

lité vous ne l'êtes plus aussi complètement qu'il faudrait l'être. Qui d'entre vous a gardé la grâce de son baptême? Qui d'entre vous ne l'a pas perdue maintes fois, presque aussitôt après l'avoir recouvrée par la pénitence? Je vous vois tous les ans assidus au banquet de la parole de Dieu, tous les ans vous courber, à jour fixe, sous la main du prêtre, pour recevoir le pardon de vos fautes, tous les ans demander à Jésus-Christ qu'il confirme ce pardon par le don de sa personne et l'effusion de ses grâces, tous les ans sortir d'ici avec la résolution de ne plus laisser s'échapper de vos âmes renouvelées la vie surnaturelle que Dieu vous a miséricordieusement rendue. Mais, combien cela dure-t-il? — Huit jours, quinze jours, un mois. Les vieilles habitudes se réveillent, la grâce s'évanouit, le péché revient s'installer au lieu d'où vous l'aviez chassé, et vous l'y laissez, jnsqu'à ce qu'une nouvelle Pâque vous donne l'occasion de rentrer en vous-mêmes et de mettre ordre aux affaires de votre conscience.

Vous oubliez, Messieurs, que le péché c'est la mort : la mort de votre âme, défigurée par sa prévarication et privée de l'énergie surnaturelle qu'elle reçoit de la grâce de Dieu ; la mort de vos œuvres, dans lesquelles ne circule plus la sève divine qui les rend méritoires et acceptables. Je ne dis pas que votre nature est amoindrie par le péché dans son essence même; je ne nie pas qu'elle soit grande encore dans sa défection; je ne fais pas de vos actions autant de péchés, ce qui serait une hérésie; je ne prétends pas qu'elles soient absolument inutiles et que leur bonté naturelle ne puisse vous attirer un regard de la miséricorde divine; mais j'affirme hardiment que vous n'êtes plus agréables à Dieu, que vos œuvres sans mérite sont perdues pour le ciel, qu'elles vous seront comptées pour rien aux jours des rémunérations éternelles. Ceux qui ignorent le triste mystère de votre vie intérieure, en entendant le langage de votre foi, en remarquant, dans l'ensemble de vos vues et de vos allures religieuses, une certaine dose d'esprit chrétien et de liberté chrétienne, en constatant votre fidélité à certaines pratiques extérieures, en voyant le bien que vous faites, pourront dire que vous vivez chrétiennement; mais Dieu, dont le regard lumineux pénètre jusqu'au fond de votre âme, Dieu sait que vous avez nom vivant, et que vous êtes mort: « *Nomen habes quod vivas, et mortuus es*[1], » Dieu sait que votre vie, stérilisée pendant de longs mois, ne peut plus s'appeler une vie chrétienne. Les hommes vous estiment pour les dehors que vous leur montrez ; mais Dieu voit avec déplaisir votre âme profanée et regrette de ne pouvoir inscrire, au livre de vie, ni vos actes de foi, ni vos prières, ni vos peines, ni votre travail, ni vos actes de probité et de justice, ni vos aumônes. Vous y gagnerez peut-être une grâce finale qui vous empêchera d'être réprouvés, s'il y a dans vos prévarications plus de légèreté que de malice, plus d'oubli que d'ingratitude, plus de faiblesse que de corruption ; mais, assurément, vous ne jouirez dans la gloire d'aucun bien que vous aurez fait sans la grâce. Pensez-y bien, Messieurs : pour être chrétien comme il faut l'être, le chrétien que Dieu agrée : *christianum acceptabilem*, il ne suffit pas de pouvoir dire : — *Credo* : je crois ; — il faut pouvoir ajouter : — *Vivo :* je vis, — ou plutôt, « ce n'est pas moi qui vis, c'est Jésus-Christ qui vit en moi, par sa sainte grâce : *Jam non ego vivo, vivit vero in me Christus*[2]. »

1. Apoc., cap. III, 1.
2. Galat., cap. II, 20.

II

J'ai dit, Messieurs, qu'il ne fallait pas juger du fond même de la vie chrétienne par les œuvres extérieures ; vous avez bien compris, je pense, que je ne les excluais pas. Elles jaillissent sponanément *t* du principe supérieur qui nous vivifie, elles en sont les manifestations caractéristiques. Aussi l'Apôtre a-t-il soin de nous avertir que la vie intérieure, qui nous rend agréables à Dieu, doit s'exprimer au dehors par la pratique des bonnes œuvres, « *Ut mundaret sibi populum acceptabilem sectatorem bonorum operum.* »

Le vaste champ de la morale chrétienne est ouvert devant nous. Il nous faudrait y rester longtemps pour relever tous les caractères qui distinguent extérieurement la vie du chrétien de ce qu'on appelle la vie du siècle. Mais saint Paul, dont j'expose ici la doctrine, a bien voulu abréger notre tâche. Mettant en regard de la vie mondaine la vie chrétienne, il nous apprend, en quelques mots, comment cette dernière se manifeste et se fait reconnaître. « La grâce de Dieu notre Sauveur nous est apparue, dit-il, pour nous instruire, afin que, renonçant à l'impiété et aux désirs du siècle, nous vivions *sobrement, justement* et *pieusement* au milieu de ce monde, attendant l'objet de notre bienheureuse espérance ; c'est-à-dire la gloire de notre grand Dieu et Sauveur Jésus-Christ [1]. »

Entendez-vous, Messieurs? « La grâce nous est apparue : *Apparuit gratia.* » Principe de vie, elle se cache au fond de l'âme humaine ; mais, quand le principe de vie doit porter ses fruits, elle se montre pour diriger|ses évolutions : « *Apparuit gratia erudiens nos.* » Où se montre-t-elle ? Dans celui-là même dont la divine vertu nous transforme et nous anime :« *Apparuit gratia Salvatoris nostri.* » Le Christ, auteur de la vie chrétienne, en est le parfait exemplaire. Il attire nos esprits et nos cœurs détournés du spectacle d'impiété et de vains désirs que le monde nous donne, et, consciencieusement appliqué à copier le divin modèle proposé à son imitation, le chrétien

---

1. Apparuit gratia Dei Salvatoris nostri omnibus hominibus, erudiens nos, ut abnegantes impietatem, et sæcularia desideria, sobrie, et juste, et pie vivamus in hoc sæculo, expectantes beatam spem, et adventum gloriæ magni Dei, et Salvatoris nostri Jesu Christi. (Tit., cap. ii, 11-13.)

grave dans sa vie pratique ces trois traits caractéristiques : — « la sage retenue, l'austère justice, la généreuse piété : *Ut abnegantes impietatem et sœcularia desideria, sobrie, et juste, et pie vivamus in hoc sæculo.* » C'est par là que la vie chrétienne se distingue de la vie mondaine.

Qu'est-ce que la vie mondaine ? — Une vie de bien-être et de plaisirs, tout occupée à satisfaire les appétits de la nature. Tout y est mollesse et sensualité, et si profond y est parfois l'aveuglement des passions, trop largement contentées, que le vice y perd sa honte. Tous les sens : la vue, l'ouïe, l'odorat, le goût, le toucher, y sont avides de jouissances, et l'on ne sait quels spectacles, quelles modes, quels concerts, quels parfums, quels festins, quelles délicatesses, quelles voluptés inventer pour les repaître. La nature, la science et l'art sont réquisitionnés avec une prodigalité insensée qu'on ose appeler de la magnificence. Point d'heures sérieuses dans cette vaine et malsaine agitation, mais le continuel va-et-vient d'âmes inoccupées et sans règle. Si le mondain est obligé de consacrer une partie de son temps et de son activité à des affaires graves qu'il ne peut laisser péricliter, il n'a point la sagesse d'accorder à ses sollicitudes et à ses fatigues le repos qu'elles réclament, mais il dépense follement, en de trop longs et trop vifs plaisirs, le reste de forces qu'il devrait ménager pour le travail. Que de jours perdus ! Que de nuits troublées ! Que de santés prématurément ruinées! Et, avec cela, quelles mœurs ! Les impuretés ne sont plus que des faiblesses, les relations criminelles des délassements permis, les propos honteux des saillies spirituelles, les modes provocantes des affaires de bon ton, enfin, l'intempérance en toutes choses l'art d'épicer la vie pour la rendre moins fade et moins ennuyeuse.

L'intempérance ! Voilà le premier trait caractéristique de la vie mondaine, dont la vie chrétienne se distingue par une sage retenue.

Ne vivant ni de lui-même, ni pour lui-même, mais de Dieu et pour Dieu qui l'a spirituellement engendré, le chrétien demande à l'auteur de sa vie nouvelle la règle qu'il doit suivre dans le gouvernement de la nature. Cette règle, il la voit écrite en caractères austères dans la vie pauvre et mortifiée de son Sauveur. S'il ne se sent pas appelé, comme certaines âmes privilégiées, à la parfaite imitation de cette vie, il comprend du moins qu'elle lui impose l'obligation de mesurer à la nature ses jouissances, d'après la loi de Dieu et non d'après les exigences des appétits, de donner aux sens ce dont ils ont besoin et non ce dont ils sont avides, d'arrêter le nécessaire et l'utile en deçà des limites où l'excès commence et où la mollesse et la sensualité menacent d'envahir. Prévenu par les conseils de la sagesse divine contre l'emportement des passions, il ne leur permet point ces écarts qui aboutissent à l'aveuglement, et le vice, toujours exécré, ne se couvre jamais d'un masque qui dissimule aux yeux de la conscience sa honte et sa difformité. Tout plaisir où il y a danger et scandale est proscrit de ses habitudes, et, s'il n'est point ennemi de ceux que Dieu permet, il n'y cherche qu'un repos légitime et d'honnêtes délassements, ne les prolongeant jamais au détriment du devoir, n'y oubliant jamais la gravité qui convient aux enfants de Dieu. Il use de tous les biens avec la modération d'un sage, et il ne se montre prodigue que lorsque, pour l'honneur de la religion et l'utilité de ses semblables, il faut être magnifique. La coutume et la mode ne l'asservissent point à leurs caprices ; il ne les subit qu'autant qu'il est nécessaire pour ne point paraître bizarre. La chasteté fleurit dans ses mœurs, la prudence et la cordialité dans ses relations, la réserve et l'amabilité dans ses discours, la bienséance et la modestie dans sa tenue, et sur toute sa vie l'on peut lire cette devise de l'Apôtre : « Vivons sobrement : *Sobrie vivamus.* »

Réglé du côté de lui-même par la tempérance, le chrétien cherche la première règle de ses rapports avec le prochain dans la justice.

Que d'outrages à cette austère vertu dans la vie des mondains ; tous ayant pour principe ce que saint Paul appelle les désirs du siècle : *Sæcularia desideria !* Or, les désirs du siècle, c'est d'avoir beaucoup, le plus vite possible et par tous les moyens, afin de pouvoir jouir. De là, cette âpre et fiévreuse recherche des gains illicites, par le mensonge, la fraude, la falsification, les promesses irréalisables ; de là, ces industries honteuses qui trompent les familles, ces marchés intéressés qui déshonorent les contrats sacrés d'alliance, où l'on ne devrait avoir en vue que l'union des plus hautes convenances et des plus pures affections ; de là, ces jeux effrénés, ces opérations immorales qui engraissent en quelques jours de hardis aventuriers, et font craquer les petites fortunes qui espéraient s'arrondir en tâtant la chance; de là, cette cruelle méconnaissance du droit et des besoins des petits et des faibles que l'on exploite sans pitié et dont on surexcite les colères vengeresses ; de là, enfin, toutes ces injustices qui se pavanent dans un faste insolent et vivent tranquilles et fières, parce que l'habileté les a sauvées de la vindicte des lois. Les désirs du siècle, c'est d'arriver, quand même et avant tout le monde, aux positions élevées et aux honneurs. De là, ces ambitions féroces qui cherchent, dans l'intrigue et la violence, les moyens de se hisser, et écrasent sur leur passage les mérites timides ; de là, le triomphe des nullités audacieuses, au détriment des capacités méconnues. Injustices du côté des honneurs comme du côté de la fortune ; injustices si communes, si nombreuses, si universellement encensées, qu'il est permis de dire avec l'apôtre saint Jean: « Le monde est tout entier sous l'empire du grand injuste, du premier contempteur des droits, de l'esprit du mal : *Mundus totus in maligno positus est* [1]. »

1. I Joan., cap. v, 19.

Mais l'esprit du mal ne touche pas à celui que Dieu engendre spirituellement et que la grâce conserve : « *Malignus non tangit eum* [1]. » La vie chrétienne est une vie de justice à laquelle préside la modération des désirs. Si le chrétien n'a pas héroïquement renoncé aux biens de ce monde, comme ceux qui veulent suivre de plus près le Christ dépouillé de tout, il ne s'en exagère point l'importance, et règle l'estime qu'il doit en faire sur cette parole divine : « Que sert à l'homme de gagner l'univers s'il vient à perdre son âme? » Ce qui suffit aux nécessités de la famille et à l'honneur de son rang, voilà tout ce qu'il désire. La conservation et l'accroissement légitime d'une fortune dont il ne se servira que pour faire le bien, voilà tout ce qu'il recherche. Il ne néglige pas ses intérêts, mais il a l'œil ouvert sur tous les droits pour n'en offenser aucun. Il les respecte en tous les contrats, mais plus encore en ceux que la religion bénit et où sont engagés les plus sacrés intérêts de la famille et de la société. Ce n'est pas assez pour sa probité jalouse d'éviter les grossières iniquités du mensonge, de la

___

1. I Joan., cap. v, 18.

fraude, des jeux immoraux, des exploitations sans miséricorde ; la moindre indélicatesse effarouche sa conscience. Il sait renoncer noblement à des prétentions douteuses, et plus il se sent fort contre un droit sans défense, plus il s'empresse de lui donner une plénière satisfaction, aimant mieux sacrifier ses intérêts que d'avoir à se reprocher la misère d'autrui. Il ne convoite point les emplois qu'il se juge incapable de remplir, ni les honneurs qu'il n'a pas mérités. Il laisse passer avant lui ceux qu'il croit plus dignes ; il attend modestement son heure et se résigne, sans peine, à ne point la voir arriver, fermant son âme sereine aux tourments de l'ambition. Rien qu'il ait usurpé dans les positions qu'il occupe ; rien qui ne soit à lui dans ce qu'il possède ; rien qu'il n'ait donné à qui il le devait. Et, après avoir cultivé la justice en toutes ses actions, il s'en fait l'apôtre ; protestant, même au détriment de sa situation, même au péril de sa liberté, contre les iniquités officielles dont pâtit le droit des justes persécutés. « *Juste vivamus* : Vivons justement, » voilà ce qu'il répète sans cesse à lui-même et au monde.

Chrétien, tu es juste ; mais va plus haut que la

justice ! — Dieu t'appelle, et tu lui dois le culte d'une âme amoureuse de sa sublime beauté, reconnaissante de ses bienfaits, soumise à ses lois et prête à imiter ses libéralités providentielles : c'est la piété.

Saint Paul appelle la vie du siècle une impiété : *impietatem*. Veut-il parler seulement des générations païennes dont se séparait, par des renoncements héroïques, la nouvelle race des enfants de Dieu? Non, Messieurs ; il a en vue le monde de tous les temps; car le monde est impie. Quand il ne blasphème pas, il oublie ; quand il n'est pas incrédule, il est indifférent. Dieu, s'il existe, habite pour lui un lointain mystérieux où il ne songe guère aux affaires humaines ; libre à chacun de se mettre en rapport avec lui, selon sa fantaisie. Toutes les religions sont bonnes, et ce n'est point un crime de n'en avoir aucune. Dites à un vrai mondain qu'un Dieu s'est incarné, qu'il a parlé au monde, qu'il l'a sauvé de la mort éternelle, et que lui-même a été marqué au baptême d'un caractère auguste qui le consacre au culte de ce Dieu révélateur et rédempteur. — Il y a longtemps qu'il ne pense plus à tout cela ! Demandez-lui quelles prières il fait, quels actes religieux il accomplit. — Il a bien le temps de s'occuper de ces superfétations ! Comment obéit-il aux lois de l'Église? — L'Église et lui ne se connaissent plus ; les lois et la police humaines suffisent à sa vie sans Dieu. Un jour, peut-être, quand il se sentira étouffer sous l'étreinte de la mort, quand les biens et les joies de ce monde lui jetteront un adieu narquois, il tournera ses regards vers Celui dont il n'a cure aujourd'hui; mais, en attendant, il oublie.

Continuellement absent de Dieu, il ne sait point prendre en lui ces généreuses habitudes de piété humaine qui sont le fruit béni de la piété divine. Ses instincts égoïstes triomphent, et, plutôt que de rien retrancher à ses jouissances, il aime mieux se condamner à entendre les gémissements et à subir les reproches des malheureux. S'il obéit aux entraînements de la charité chrétienne, toujours agissante autour de lui, c'est parce que la bienséance l'y force et qu'il peut se retrouver encore dans le faste d'une aumône dont on parlera. Mais, où on le reconnaît tout entier, c'est lorsqu'un malheur public, qu'il faut soulager, lui donne l'occasion d'un colossal amusement. N'attendez pas de son cœur sec et dur qu'il se montre indulgent pour les fautes du prochain, si ce n'est quand il a peur que ses sévérités ne se retournent contre lui-même. Autrement, il est impitoyable, et sa langue, intempérante et maligne, assassine les réputations, mieux encore que son égoïsme ne fait souffrir la misère.

O monde impie et sans entrailles ! tu ferais notre désespoir, si nous n'étions consolés par le spectacle de la vie chrétienne. **Là, fleurit** la piété envers Dieu et envers les hommes ; là, les profondes vues de l'esprit chrétien, les viriles résolutions de la liberté chrétienne, engendrent les plus belles et les plus excellentes œuvres de vie dont l'homme soit capable. Comment le chrétien oublierait-il son Dieu ! Il le sent au-dedans de lui-même, et tout son être surnaturalisé est un concert qui chante ses bienfaits. C'est sans peine qu'il se met en rapport avec Lui, puisqu'il l'a toujours présent à la pensée. Il est jaloux de sa gloire. Il prétend qu'il n'y a de vrai que ce qu'il enseigne, de bon que ce qu'il commande. S'il a pitié des erreurs et des égarements du monde, il ne laisse pas que de les condamner, bien moins par des paroles de réprobation que par l'exemple pieux de toute sa vie. — Oui, de toute sa vie ; —

car, non content de répondre docilement aux appels de l'Église et d'être fidèle à toutes ses saintes lois, de donner à la prière, aux sacrements, aux actes de religion la place qui leur est due, le chrétien surnaturalise tout ce qu'il fait. Ses sollicitudes et son travail prient, sa faiblesse et ses misères implorent, ses chagrins et ses souffrances expient, son repos et ses joies rendent grâces, ses moindres actions sont des œuvres de religion. En communion constante avec le divin religieux, Jésus-Christ, sa vie et son modèle, il se tient en la présence de Dieu, filialement abandonné à sa providence, et toujours pénétré de son saint amour : amour unifiant qui le recueille, amour expansif qui élargit son cœur, le rend sensible aux maux d'autrui, pieux envers toutes les infortunes et prêt à toutes les largesses de la charité.

C'est en obéissant aux inspirations de cette douce et aimable vertu que le chrétien se montre véritablement fécond en bonnes œuvres. Ses aumônes discrètes ne cherchent point le bruit. Ce n'est pas une miette de son superflu qu'il jette, de temps en temps et de loin, à la misère ; il est heureux de se priver de ce qui lui est agréable et utile,

pour le porter lui-même à ceux dont l'infortune a
ému sa pitié. Il sait donner son temps, ses services et son cœur, et montrer qu'il obéit, non pas
à des entraînements passagers, mais à un sentiment profond qui lui fait aimer les pauvres de
Jésus-Christ. La misère morale ne le rebute pas,
et, s'il réprouve le mal, il n'a point, pour ceux qui
l'ont commis, les pharisaïques et désespérantes
duretés des mondains. Il s'afflige, il cache, il
excuse, il pardonne, il prie ; il estime que le plus
grand bien qu'il puisse faire aux pécheurs est de
les réconcilier avec Dieu et de les réhabiliter à
leurs propres yeux. Avec les biens de la nature, il
répand les biens de la grâce. Bref, Messieurs, à
l'encontre des scandales du siècle, il est pieux
autant que juste et tempérant. Ce n'est pas en
vain que l'Apôtre lui a dit : « *Sobrie, juste et pie
vivamus in hoc sœculo.* »

Et remarquez, je vous prie, comme cette trilogie caractéristique de la vie chrétienne se complète, dans le texte apostolique, par une note
sublime qui nous fait passer de la terre au ciel,
du temps à l'éternité ! Tout, dans la vie mondaine, révèle les tendances grossières de
l'homme animalisé. Qui ne croirait que la terre

est le dernier terme de notre courte existence, quand on voit ces vulgaires troupeaux d'hommes avides de bien-être et de jouissances, l'œil obstinément fixé et l'âme perpétuellement tendue vers les biens qu'ils ne pourront emporter avec eux dans la tombe? « Ils savourent les choses d'en-bas, » dit notre grand saint Paul : « *terrena sapiunt* [1] ; » et leur attitude humiliée nous indique qu'ils n'iront pas plus loin que le monde périssable auquel ils sont rivés. Le chrétien, au contraire, lève en haut son regard et son cœur. Invinciblement poussé par une voix impérieuse qui lui dit : Passe! passe! passe! il traverse la terre « en conversant avec les cieux : *Nostra autem conversatio in cœlis est* [2]. » On devine, à sa noble démarche, un voyageur illustre qui regagne ses foyers, à sa sublime attitude, un citoyen de l'éternité. En vivant sobrement, justement et pieusement au milieu du siècle, il n'est point satisfait; mais « il attend l'objet de sa bienheureuse espérance ; c'est-à-dire l'avénement de la gloire de son grand Dieu et Sauveur Jésus-Christ : *Expectantes beatam spem et adventum gloriæ*

1. Philipp., cap. III, 19.
2. *Ibid.*, cap. III, 20.

magni Dei et Salvatoris nostri Jesu Christi. »

Regardez-le, Messieurs, et regardez-vous. Pouvez-vous dire que vous lui ressemblez et que votre vie est une vie absolument chrétienne ? Non. — Est-ce une vie absolument mondaine ? Non. — Mais, qui êtes-vous donc, alors ? Ni mondains pur sang, ni chrétiens pur sang; mais je ne sais quels métis dans lesquels ni le monde ni Jésus-Christ ne reconnaissent leur lignée. Vous avez encore la foi, mais vous n'osez pas la pousser jusqu'à ses dernières conséquences pratiques. Vous recevez de temps en temps la grâce, mais vous ne savez pas la conserver. Vous n'ignorez pas que le Christ est votre modèle, mais vous ne le regardez qu'à la dérobée. Vous ne vous laissez pas entièrement matérialiser par le bien-être, ni affoler par les plaisirs, mais vous y prenez goût et vous y oubliez parfois vos devoirs d'état, souvent votre vertu. Vous ne commettez pas de grossières injustices, mais vous êtes âpres à la recherche de vos intérêts, — muets quand il faudrait protester contre l'iniquité triomphante. Votre ambition n'écrase personne, mais vous êtes inquiets et trop pressés d'arriver. Vous croyez en Dieu, vous l'honorez par des actes de religion, mais ils sont commandés par la coutume et la routine, plus que par la piété. Vous vivez honnêtement aux yeux des hommes, mais vous ne savez surnaturaliser ni votre travail, ni vos misères, ni vos peines, ni vos joies, et vous perdez sans remords le mérite divin de vos actions. Vos mains s'ouvrent à l'aumône, mais vous reculez devant les sacrifices personnels. Les misères du corps vous émeuvent, mais les misères de l'âme vous laissent insensibles ; si, encore, vous n'êtes pas plus pharisiens que les mondains dans vos jugements sur les défauts et les fautes du prochain et dans la manière dont vous traitez sa réputation. Vous conservez l'espérance des biens éternels, mais vous êtes beaucoup plus occupés de vos petits bonheurs terrestres que du grand bonheur qui vous attend dans le ciel. Enfin, Messieurs, votre vie est un mélange qui ne fait honneur ni à votre bon sens, ni aux sacrements par lesquels vous avez été régénérés et sanctifiés. Et, puisque vous voulez, malgré cela, vous appeler chrétiens, je suis tenté de vous dire avec un ancien : « Changez de nom, ou changez de mœurs : *Aut muta nomen, aut muta mores.* » Le chrétien n'est pas un hybride, c'est un être franc, vivant de la grâce et faisant les œuvres de la grâce. Le chrétien est un fils du peuple béni dont Dieu agréé et l'état et les œuvres : « *Populum acceptabilem, sectatorem bonorum operum.* »

JEUDI SAINT

QUATRIÈME INSTRUCTION

LA PATERNITÉ CHRÉTIENNE.

———

Messieurs,

Quand le jardinier a déposé en terre le germe
d'une plante précieuse, il en surveille l'éclosion,
et, tout en comptant sur les secours providentiels
que Dieu daigne accorder à ses plus humbles
créatures, il entoure de mille soins délicats les
jeunes pousses, en protège et dirige les évolutions, ne se croyant payé de ses sollicitudes et de
ses labeurs que lorsqu'il s'est assuré un magnifique sujet.

Or, plus précieux que tous les germes sont
ceux que le baptême dépose en nos âmes, et qui

doivent se développer dans l'esprit chrétien, la liberté chrétienne et la vie chrétienne. Eux aussi ont besoin d'êtres cultivés. Dieu en prend soin, c'est incontestable, mais il veut que l'homme coopère à son action providentielle ; et le premier milieu de cette coopération, c'est la famille. L'enfant chrétien doit recevoir, de bonne heure, les leçons que demandent les saintes habitudes dont il a été orné par la grâce. — De qui les recevra-t-il, sinon de ceux qui ont le bonheur de se voir revivre en lui et dont la paternité n'est complète qu'autant qu'elle concourt, dans la mesure de son pouvoir, au parfait développement de tout ce qu'il y a de vivant dans l'enfant ? Aussi l'apôtre saint Paul adresse-t-il aux chefs de famille ce grave avertissement : « Pères, élevez vos fils dans la loi et la correction du Seigneur : *Patres, educate filios in disciplina et correptione Domini* [1]. »

Il ne vous suffit donc pas, Messieurs, d'être chrétiens pour vous-mêmes ; vous devez l'être dans le plus grand et le plus important de vos offices : l'office de la paternité. Permettez-moi

---

1. Ephes., cap. VI, 4.

de vous parler aujourd'hui de la paternité chrétienne. Je vous en exposerai le devoir et vous montrerai comment il faut l'accomplir.

I

Dieu est père. Nous aimons à lui donner ce nom doux et auguste : *Pater!* Il est père, dans l'impénétrable mystère de son essence, père aussi, dans le monde qu'il a créé et qu'il remplit de vie. Il est notre père : *Pater noster.* Père, dans notre nature si grande, si belle, si riche de forces, de mouvements et de vie ; mais, bien plus encore, dans notre âme surnaturalisée où sa propre vie coule à pleins bords. Il est père, et il n'emprisonne pas la vie dans l'être à qui il la communique ; mais il lui donne le pouvoir de se répandre, de se reproduire, de se perpétuer. Il donne, enfin, selon la belle pensée de l'Apôtre, « son nom et sa force à toute paternité, soit dans les cieux, soit sur la terre : *Ex quo omnis paternitas nominatur in cœlo et in terra* [1]. »

Principe de toute paternité, il en est l'exem-

---

1. Ephes., cap. III, 15.

plaire. On ne peut être bien père que lorsqu'après avoir participé à sa puissance, on imite son action providentielle, **en** ayant soin d'obéir en toutes choses à sa suprême direction et de servir ses desseins.

Or, Messieurs, les desseins de Dieu vous les **connaissez.** Vous savez ce qu'il **veut** en vous associant à sa paternité. Il veut **autre** chose que la vie appauvrie qui sort de vos entrailles, autre chose que l'être déchu que vous faites entrer dans le monde par la porte du péché **et** que vous vouez, en lui donnant l'existence, à la privation de l'éternel bonheur auquel il était destiné. — Dieu veut un être animé de sa propre vie, rempli de sa grâce et digne de jouir de sa gloire. La souche immaculée de la race humaine devait produire spontanément cette merveille ; mais le péché lui **a fait** perdre sa **sève** divine, et, dès lors, elle a **cessé** d'être, par voie de génération, l'instrument de la paternité surnaturelle de Dieu.

Cela veut-il dire, Messieurs, que vous n'êtes plus, à aucun titre, les coopérateurs de cette paternité ? — Nullement. Vous ne pouvez plus donner à vos enfants la vie surnaturelle en leur donnant votre sang ; mais vous êtes tenus, dans l'acte redoutable par lequel votre vie se communique, d'obéir à la loi providentielle plutôt qu'à l'égoïsme de vos appétits ; vous êtes tenus de ne pas ajouter aux convoitises de la nature, funestes compagnes du péché d'origine, l'influence des habitudes acquises, que tout générateur fait subir à ceux qu'il engendre; vous êtes tenus de préparer, par le respect de vous-même et par la pratique des vertus chrétiennes, les vases animés qui doivent recevoir la vie de Dieu. Vous ne pouvez plus donner la vie surnaturelle à vos enfants; mais vous êtes tenus de la demander aux éléments sanctifiés dans lesquels Dieu a fait passer la puissance génératrice, que vous avez perdue. Et ce n'est que le commencement de votre coopération.

Par la vertu sacramentelle du baptême, Dieu purifie et régénère les fruits de votre vie amoindrie : vos enfants deviennent ses enfants. Lumière, force, habitudes sacrées, tout ce qui fait le chrétien, ils le possèdent, mais ils n'en ont pas encore l'usage. Dieu les y prépare par une action latente de sa paternité. Toutefois, il a résolu de ne pas agir seul, en cette œuvre de développement, et, de nouveau, il demande votre concours. C'est le devoir de votre paternité d'apprendre à l'enfant, aussitôt que sa raison s'éveille, que, s'il vous doit la vie de la nature, il doit à Dieu la vie de la grâce; que, s'il est votre enfant, il est bien plus l'enfant de Dieu. C'est à vous qu'il appartient de faire pénétrer dans son âme la lumière extérieure qui, se joignant à la lumière intérieure, lui fait connaître les mystères divins qui l'ont transformé. C'est à vous qu'incombe la culture des germes sacrés que Dieu excite invisiblement; à vous de présenter à la foi les vérités qu'il faut croire; à vous de montrer à l'espérance le terme sublime qu'il faut atteindre; à vous de proposer à la charité le souverain bien qu'il faut aimer; à vous, enfin, de mettre, par une religieuse éducation, vos enfants en mesure de se montrer ce que Dieu les a faits par le baptême : des chrétiens.

Je comprends, Messieurs, qu'un père, qui n'est point au courant des grands desseins de Dieu, et qui ignore le profond et doux mystère de sa paternité surnaturelle, se contente d'obéir aux lois de la nature dans la génération comme dans l'éducation de ses enfants. Il ne se croit obligé qu'à faire des hommes bien portants, intelligents, hon-

nêtes et utiles. Une bonne hygiène est son principal souci, jusqu'à ce que l'intelligence éveillée
réclame ses soins. Il en voit avec bonheur l'épanouissement ; il surveille et dirige ses évolutions ;
il lui mesure discrètement les mets dont elle se
nourrit ; il l'orne, petit à petit, de toutes les connaissances humaines qu'elle peut acquérir ; **et,**
s'il n'en peut faire l'éblouissante lumière du
génie ou d'un talent éminent, elle sera, du moins,
le modeste flambeau d'un homme convenable-
ment instruit. L'éducation va de pair avec l'instruction : éducation forcément restreinte, qui n'apprend à l'enfant que les devoirs d'une morale vulgaire que menacent bientôt les passions, dépour-
vues de frein divin. Le tout est couronné par la
recherche laborieuse d'une carrière où l'adolescent, arrivé au terme de l'élevage, s'installe pour
devenir un citoyen utile, et s'apprête à recom-
mencer, sur une autre génération, ce qui a été
fait pour lui.

Je ne crois pas, Messieurs, que la paternité
ainsi entendue puisse produire des chefs-d'œuvre
de vertus. Mais, quels que soient les résultats
qu'elle obtienne, il est certain que vous ne pouvez pas vous en contenter.

Le père chrétien doit obéir, sans doute, aux lois de la nature et s'appliquer à former l'homme sain, intelligent, honnête et utile ; mais, obligé d'entrer dans les vues de Dieu et de s'unir à l'action de sa paternité surnaturelle, il doit s'appliquer, par-dessus toutes choses, à former le chrétien. La santé est un bien précieux qu'on ne saurait trop mettre à l'abri des influences malignes qui l'assiègent, et que l'enfant doit apprendre à conserver ; mais plus précieux est le trésor de l'innocence, plus précieuse est la vie de la grâce ; et, pour en faire comprendre le prix à l'enfant, il ne faut pas craindre de lui répéter souvent cette parole d'une mère héroïque : « Mon fils, je vous aime tendrement ; mais j'aimerais mieux vous voir mort que de vous voir commettre un seul péché mortel envers Dieu. » Les connaissances humaines sont choses utiles, la science est chose honorable ; mais les principes de la foi priment tout, et rien n'est plus nécessaire ni plus grand que de les faire entrer d'abord et de les fixer solidement dans une âme enfantine, afin de l'habituer aux profondes vues, à l'exacte mesure, à la sage direction de l'esprit chrétien. Il est bon d'exciter une jeune âme aux résolutions viriles ; mais il faut que ces résolutions aient, avant tout, pour but le triomphe de la liberté chrétienne. On ne peut se dispenser de vouloir qu'un enfant soit honnête homme ; mais l'honnêteté doit servir de support aux grandes vertus caractéristiques de la vie chrétienne, et la pratique de tous les devoirs inférieurs doit être vivifiée, affermie, ennoblie par la pratique des devoirs supérieurs qui ont Dieu pour objet. Il faut préparer, en ce monde, la carrière d'un enfant ; mais il importe plus de lui assurer l'éternelle carrière de gloire et de félicité où il doit entrer un jour, quelle qu'ait été sa fortune ici-bas.

Voilà, Messieurs, le devoir de la paternité chrétienne. Vous ne pouvez pas le renier, car il est fondé non seulement sur l'honneur que Dieu vous a fait en vous associant à sa paternité, mais sur les engagements que vous avez pris vous-mêmes.

Le premier de ces engagements, c'est votre mariage chrétien. Lorsque vous avez demandé à Dieu la consécration des liens qui unissaient votre vie à une autre vie, votre honneur lui promettait, en échange, d'assurer à cette consécration tous ses effets. Or, ces effets ne se bornent pas à la sanctification d'un couple pour lui-même et à l'indissoluble affermissement de ses mutuelles promesses, ils descendent jusqu'aux sources de la vie, ils s'en emparent, ils fondent la famille chrétienne. Par le mariage chrétien, vous vous êtes engagés à donner au Christ et à son Église autant de fidèles que vous auriez d'enfants.

Cet engagement, vous l'avez confirmé en présentant vos enfants au baptême. L'Église, à qui vous avez demandé pour eux l'honneur et la grâce d'une sainte initiation dans la société des enfants de Dieu, ne vous l'eût certainement pas accordée, si elle n'eût espéré de votre foi et de votre loyauté que vous rempliriez scrupuleusement vos devoirs de pères chrétiens. Je vous l'ai dit, Messieurs, le baptême, sacrement de notre grandeur surnaturelle, est un contrat divin qui crée des droits et des devoirs : droit de l'enfant à ce que la grâce qu'il a reçue devienne le point de départ et la règle de son éducation ; et, de la part de ceux qui ont voulu que ce droit fût établi, devoir d'assurer à l'enfant et de favoriser dans son âme l'évolution et l'épanouissement des germes sacrés que le sacrement y a déposés :

droit de l'enfant aux actes de la vie surnaturelle qui a renouvelé son être ; par conséquent, devoir du père de faire de lui un chrétien.

Un chrétien ! c'est le seul être qui fasse honneur à vos engagements et en qui votre paternité puisse se complaire. Si vos fils sont beaux, forts, intelligents, instruits, illustres, puissants, honorés des hommes, s'ils ont tout ce qu'il faut pour flatter votre orgueil, vous ne pouvez pas encore être satisfaits. Ce n'est que lorsque vous voyez fleurir en eux l'esprit chrétien, la liberté chrétienne, la vie chrétienne, qu'il vous est permis de dire : « *Hic est filius meus dilectus in quo mihi complacui* [1] : Voilà le fils que j'aime et en qui j'ai mis toutes mes complaisances. »

II

Votre devoir est défini, Messieurs, permettez-moi de vous demander comment vous l'accomplissez.

Vous n'êtes point, j'en suis convaincu, de ces chrétiens apostats qui, ne pouvant effacer dans

1. Matth., cap. III, 17.

leur âme l'indélébile caractère de leur baptême, se vengent de leur impuissance en faisant une guerre impie à tout ce qui le leur rappelle. Tyrans domestiques, ils s'appliquent à faire peser sur le petit monde dont Dieu leur a confié le gouvernement le joug exécrable de leur irréligion. Leur femme est-elle timide, faible, complaisante ? Ils l'asservissent, l'annihilent ou la corrompent. Ont-ils affaire à une chrétienne fière de sa foi et jalouse de sa liberté? Ils la boudent, la gourmandent, la rudoient, la maltraitent, et, surtout, ils se plaisent à déchirer son cœur maternel, en démolissant, par des railleries et des blasphèmes, les pieuses leçons qu'elle donne à ses enfants; en choisissant pour eux des écoles sans religion ; en étouffant, par des paroles violentes, les nobles protestations de sa foi alarmée ; ne lui laissant plus, pour défense, que ses prières et ses larmes.

Vous n'êtes pas non plus, j'aime à le croire, de ces hommes légers, qui ne songent qu'à leurs distractions et à leurs plaisirs. N'ayant cure de l'éducation de leurs enfants que pour en faire des mondains présentables, et laissant aller le reste au hasard, avec une indifférence criminelle qui favorise l'invasion de tous les oublis et de tous les vices à leur foyer domestique.

Vous êtes plus que des honnêtes gens, uniquement préoccupés de mettre ordre à leurs affaires temporelles et d'établir chez eux le niveau d'une moralité vulgaire. Vous avez conscience des devoirs de la paternité chrétienne ; vous voulez que la religion ait une place honorable à votre foyer et que vos enfants soient élevés chrétiennement. Mais, comment vous y prenez-vous pour donner suite à ce vouloir ? Payez-vous de votre personne ? Ne vous laissez-vous point trop absorber par le culte de vos intérêts ou par vos devoirs professionnels ? Et, si vous croyez nécessaire de surveiller l'instruction tout humaine et la moralité de vos enfants, n'abandonnez-vous pas complètement à leur mère le soin de leur éducation religieuse ? Vous avez une femme intelligente, dévouée, instruite et pieuse, je le veux bien. Elle est tout entière à la tâche que vous laissez peser sur elle. Vous encouragez ses efforts, vous dites *Amen* à ses succès. Et vous croyez accomplir ains le devoir de votre paternité chrétienne.

Eh bien ! non, Messieurs. Sans vous en rendre compte, peut-être, vous créez pour la religion

de vos enfants, un péril dont vous ne connaîtrez
bien la gravité que lorsqu'ils auront appris à
raisonner leurs impressions. Aujourd'hui, ils ne
voient que le dévouement de leur mère, plus
tard, ils remarqueront l'absence de votre autorité.
Il est à craindre qu'ils ne se rappellent trop bien
que vous, chefs de la famille, vous qui représen-
tez l'intelligence, vous vous êtes désintéressés
d'une chose qu'on leur disait être la plus importante de toutes. Il est à craindre que, comparant
votre sollicitude pour leur instruction et la préparation de leur carrière à votre indifférence ou,
du moins, à votre froide abstention dans leur
éducation religieuse, ils ne pensent que les principes de la foi et leurs conséquences pratiques
peuvent convenir aux femmes et aux enfants,
mais qu'il est un âge où il est permis de les considérer comme de respectables superfétations.

Croyez-moi, Messieurs, vous ne serez véritablement pères que si vous intervenez activement
dans l'éducation chrétienne de vos enfants. Ne
me dites pas que vous n'avez pas le temps. Avec
un peu de bonne volonté, vous trouverez bien
quelques heures intimes, pendant lesquelles vous
saurez ne pas moins faire qu'un Diderot, qui ap-

prenait le catéchisme à sa fille. Ne me dites pas
que vous êtes incapables. Les premiers principes
de l'instruction et de l'éducation religieuses sont
choses qu'on ne doit jamais oublier. Rien n'est
plus facile à un homme tant soit peu intelligent
que de se mettre en mesure de savoir ce qu'il
faut apprendre à un enfant, et, du reste, c'est en
enseignant qu'on s'instruit le mieux. Ne me dites
pas que c'est l'affaire des prêtres. Le premier des
prêtres, c'est vous. Celui que l'Église consacre
et députe à l'administration des choses saintes
ne doit intervenir, en son temps, que pour compléter les religieuses leçons du foyer domestique.
Ce qu'il enseigne est mal écouté, mal compris,
mal retenu, lorsque sa parole tombe, comme
une surprise, en des âmes que vous n'avez pas
préparées. Au contraire, ses leçons, reçues avec
respect, entrent sans difficulté et se fixent plus
profondément dans de jeunes intelligences,
quand il ne fait, en quelque sorte, que prendre
la suite des traditions de famille. Remarquez
bien que je ne vous demande pas d'être les seuls
organes de ces traditions et de ne point vous
faire aider dans l'œuvre, si importante, de l'éducation chrétienne ; mais, encore, faut-il que vous

preniez ouvertement la haute direction de cette œuvre et que vos enfants y sentent l'action de votre suprême autorité.

Toutefois, cette autorité serait inefficace, vous le comprenez parfaitement, si elle n'était soutenue par l'exemple. Je n'ai pas besoin de vous dire qu'il ne s'agit pas ici de l'exemple que doit donner un honnête homme, ni d'insister sur une vérité vulgaire que la sagesse païenne avait comprise. Par la plume d'un poëte, âpre à flageller les travers et les vices de ses contemporains, elle disait : —« La nature le veut ainsi, les exemples domestiques nous corrompent plus vite et plus sûrement, parce qu'ils viennent de grandes autorités... On doit aux enfants le plus profond respect. O père, si tu prépares quelque chose de honteux, songe aux tendres années de ton fils ; quand tu vas pécher, sois arrêté par sa présence... Misérable ! tu as peur que ton ami, qui doit venir, remarque les souillures qui salissent ton *atrium* et ton portique, et tu ne penses pas à ne laisser voir à ton fils qu'une maison sainte, sans tache et pure de tout vice [1] » —Un

1. Sic natura jubet : velociùs et citiùs nos
   Corrumpunt vitiorum exempla domestica, magnis

père vicieux n'est plus un père, Messieurs, c'est
un assassin. Tout le monde comprend cela. Mais,
sans être vicieux, un père chrétien déshonore son
autorité, mutile les saintes traditions de la famille, compromet sa mission et devient un péril
pour la religion de ses enfants, lorsque sa vie
pratique est la négation de ses leçons. Vous aurez beau instruire, exhorter, commander ; un
jour viendra où vos enfants, étonnés que vous
exigiez d'eux ce que vous ne jugez pas à propos
de faire, auront l'audace de vous dire : Et vous ?
— Oui. Et vous ? — Vous qui prétendez former
l'esprit chrétien, pourquoi agissez-vous comme
si les principes de la foi n'étaient que des vérités
complaisantes dont on peut mesurer à son gré
les conséquences pratiques ? Vous qui prônez la
liberté chrétienne, pourquoi êtes-vous l'esclave

Quum subeunt animos auctoribus. . . . . .

. . . .
Maxima debetur puero reverentia; si quid
Turpe paras, ne tu pueri contempseris annos ;
Sed peccaturo obsistat tibi filius infans.

. . . .
Illud non agitas, ut sanctam filius omni
Adspiciat sine labe domum vitioque carentem.

(Juvenal), *Sat. r.* XIV.)

des circonstances oppressives, des ridicules ter-
reurs du respect humain, ou d'habitudes cachées
qui étouffent les manifestations extérieures de
votre foi? Vous qui voulez qu'on mène une vie
chrétienne, pourquoi imitez-vous l'impiété des
mondains par de coupables abstentions? Vous
qui voulez qu'on prie, pourquoi ne priez-vous
pas? Vous qui voulez qu'on s'approche des sacrements, pourquoi vous en tenez-vous éloi-
gnés? Vous qui voulez qu'on obéisse à l'Église,
pourquoi désobéissez-vous? Ces *pourquoi* sont
terribles, Messieurs. Il n'y a qu'un moyen de
prévenir toute question malséante à votre autorité paternelle, c'est d'accomplir en plein votre
devoir d'éducateurs chrétiens, en faisant lire à
vos enfants, dans le livre de vos actions, tout ce
que vous leur enseignez. Quand le Fils de Dieu
vint faire l'éducation chrétienne du genre humain, il agit avant d'instruire : « *Cœpit facere et
docere* [1]. »

Il est entendu, Messieurs, que vous devez pré-
sider effectivement à l'éducation religieuse de
vos enfants. Toutefois, votre œuvre n'est pas

1. Act., cap. I. 1.

achevée, vous n'êtes pas au bout du devoir de votre paternité, lorsque, par l'enseignement et les exemples domestiques, vous avez formé un jeune chrétien. L'Apôtre vous a dit de l'élever dans la loi et dans la correction du Seigneur : « *In correptione Domini.* » Ce jeune chrétien a besoin d'être protégé.

Et contre qui le protégerez-vous? — Contre lui-même, d'abord : c'est-à-dire contre la légèreté, qui lui fait si facilement oublier les graves vérités sur lesquelles doit se régler sa vie religieuse; contre la paresse, qui lui fait négliger des devoirs importants, au moyen desquels s'établissent les habitudes chrétiennes ; contre les inquiétudes de sa raison, qui cherche des difficultés, en esquivant la certitude des choses les plus solennellement affirmées par votre autorité, organe de l'autorité infaillible de l'Église ; contre les curiosités malsaines, qui le mettent en quête de ce que son âme, encore faible et inexpérimentée, doit ignorer; et, surtout, contre les passions, qui fermentent dans sa jeune nature et se montreront un jour, si on les laisse grandir, les ennemies acharnées de la foi et des vertus que vous avez semées et cultivées.

Tout cela doit être l'objet d'une direction douce et ferme, où la tendresse se mêle à la justice. Tout cela demande de sages corrections, qui n'épargnent aucune faute, et qui, bien loin d'avilir l'enfant, le relèvent à ses propres yeux, en lui faisant mieux comprendre le prix de son âme régénérée et la grandeur de sa vocation chrétienne.

Protégé contre lui-même, l'enfant chrétien doit être protégé contre toute influence malfaisante du dehors. Un père qui comprend son devoir écarte impitoyablement les compagnies dangereuses et suspectes, lors même qu'il n'y verrait d'autre péril que l'affaiblissement du sens chrétien dans l'âme de son enfant. Il impose silence non seulement aux libertés de langage qui outragent la pudeur, mais à toute parole qui offense la religion, non seulement aux blasphèmes et sophismes qui attaquent de front les vérités de la foi, mais à toute plaisanterie qui fait rire aux dépens des choses saintes. Lors même qu'il se tait, il est facile de lire dans son attitude grave et dans son regard indigné cette noble maxime des anciens : « *Maxima debetur puero reverentia* », mieux encore, cet anathème du

Sauveur : « Malheur à qui scandalise les enfants [1] ! »

Ah ! s'il pouvait toujours les garder auprès de lui, ces chers petits ! Mais souvent il faut qu'il s'en sépare, et qu'il confie à d'autres le soin de compléter l'enseignement des choses humaines qu'il n'a pu qu'ébaucher. Le foyer domestique entre en rapports avec l'école.

Quelle sera cette école, Messieurs ? — Une agence de l'Etat, s'emparant de la jeunesse pour la façonner à son gré, au mépris de vos droits paternels ? — C'est ce que prétendent les pédagogues impies qui ont rêvé de déchristianiser l'éducation de l'enfance. Mais vous ne pouvez pas laisser prévaloir cette erreur monstrueuse, sans abdiquer le plus sacré des devoirs de votre paternité. Non, l'école n'est pas une agence de l'Etat, c'est un prolongement de la famille. Les maîtres que vous donnez à vos enfants ne sont pas les fonctionnaires d'une puissance qui se substitue à votre inviolable autorité, et confisque votre mission ; ce sont les auxiliaires de votre

---

1. Qui scandalizaverit unum de pusillis istis, expedit ei ut suspendatur mola asinaria in collo ejus, et demergatur in profundum maris. (Matth., cap. XVIII, 6.)

sollicitude et de vos légitimes ambitions, les représentants de votre ministère sacré, les continuateurs des religieuses traditions du foyer domestique. Que l'Etat contrôle leur capacité et surveille leur conduite, je le veux bien, pourvu qu'il soit contrôleur et policier impartial, et qu'il se borne à vous rendre un service. Mais il lui est interdit d'empiéter sur le droit que vous donnent la nature et la religion.

Or, en vertu de ce droit, vous pouvez, vous devez même exiger des maîtres de vos enfants qu'ils se souviennent qu'un baptisé ne doit pas être instruit comme un païen, que leur parole et leur exemple laissent intact, s'ils ne le rendent plus profond, le religieux caractère qui vous permet de vous complaire dans les fils de votre sang et de votre piété, qu'ils confirment, enfin, l'œuvre sainte que vous avez commencée en formant des chrétiens. Donc, toute école où les préoccupations de l'esprit l'emportent sur l'attention qu'on donne aux mœurs, toute école où la science est systématiquement séparée de la foi, toute école où l'Église, qui représente les titres de Dieu, n'est que parcimonieusement tolérée, si elle n'est pas mise à la porte, toute école qui ne continue pas, en les élevant davantage, les nobles, purs èt saints enseignements du foyer domestique est un lieu malsain, auquel des parents chrétiens ne peuvent confier le plus cher bien qu'ils aient au monde. Pour des chrétiens, il faut des écoles chrétiennes.

C'est le devoir de votre paternité, Messieurs, de soutenir ces écoles chrétiennes, partout où l'on s'applique à les démolir; de les créer là où elles n'existent pas. Allez-y de tout votre courage et jusqu'au sacrifice, et qu'il soit manifeste que la ligue des fidèles n'est pas moins âpre à faire valoir ses droits, que la ligue des apostats à imposer sa tyrannie.

Là où les écoles chrétiennes vous manquent, redoublez de vigilance, de soins et d'efforts, pour parer aux dangers du silence auquel les maîtres sont condamnés à l'endroit de la religion. Instruisez davantage; faites parler plus éloquemment vos exemples; cherchez, hors de l'école, des auxiliaires de votre religieuse sollicitude; profitez de toutes les heures libres et de toutes les occasions pour rappeler à vos enfants le Dieu qu'on leur cache, les vérités et les devoirs qu'on voudrait leur faire oublier; et n'ayez pas peur de leur faire comprendre qu'il y a, dans leur éducation scolaire, un vide coupable et funeste que vous vous efforcerez de combler.

Là où l'école devient manifestement antireligieuse et **antichrétienne**, n'hésitez pas un seul instant. Retirez vos enfants; résistez énergiquement à toute contrainte; invoquez la protection de la loi contre l'abus des lois ; et forcez les ennemis de Dieu à démolir eux-mêmes leur œuvre impie, en se déshonorant par la violence.

Pères! pères! l'avenir de la jeunesse chrétienne dépend de la manière dont vous accomplirez votre devoir. Si vous laissez usurper les droits de la famille, c'en est fait de la religion des futures générations. Songez à elles en protégeant celle qui vous doit la vie. Par votre activité, vos sacrifices, vos combats, vos nobles résistances, créez un courant d'opinion qui balaye l'erreur au moyen de laquelle on prétend couper les naturelles et indispensables relations du foyer domestique et de l'école. Ne laissez pas dire que la religion exagère vos droits et vous fait oublier le bien public ; mais prouvez plutôt, en élevant vos enfants selon la loi et dans la correction du Seigneur, que vous formez, entre tous les citoyens, les plus soumis aux lois et les plus dévoués à leur pays, et qu'ainsi la paternité chrétienne est la source du plus pur civisme et du plus généreux patriotisme.

CINQUIÈME INSTRUCTION

LA SOUFFRANCE CHRÉTIENNE

> Si autem filii, et hæredes : hæ-
> redes quidem **Dei**, cohæredes
> autem Christi ; si tamen compa-
> timur, ut et conglorificemur.
>
> (*Rom.*, cap. VIII, 17.)

Eminentissime Seigneur,

Monseigneur,

Messieurs,

Nous avons étudié, pendant le cours de cette sainte semaine, les conséquences pratiques de notre régénération et de notre perfectionnement par les sacrements de baptême et de confirmation. Aux habitudes divines dont nous sommes munis, à l'illumination de l'Esprit-Saint, aux principes de la foi que notre âme saisit et s'assimile, dès que ses puissances surnaturelles entrent en action, correspond l'esprit chrétien. La plénitude, qui nous accroît et nous fortifie, enfante la liberté chrétienne. La grâce, qui nous renouvelle et nous rend agréables à Dieu, s'épanouit dans les œuvres caractéristiques de la vie chrétienne. L'association de l'homme à la paternité surnaturelle de Dieu, les droits de son enfant baptisé, lui imposent les devoirs de la paternité chrétienne. Je n'aurais plus qu'un mot à vous dire : — Attendez en paix l'héritage éternel que Dieu vous a promis en vous adoptant, — si l'Apôtre ne m'affirmait que, pour obtenir cet héritage, il y a une dure condition à remplir. Vous venez d'entendre ses paroles : « Enfants de Dieu, nous sommes ses héritiers et les cohéritiers du Christ; si pourtant nous souffrons avec lui, afin de partager sa gloire : *Si tamen compatimur, ut et conglorificemur.* »

Source de vie, le baptême est une œuvre de mort. « Il nous ensevelit dans la mort du Christ[1], »

—————

1. Consepulti enim sumus cum illo per baptismum in mortem. (Rom., cap. VI, 4.)

pour nous faire vivre de sa grâce, et, du même coup, il nous condamne à souffrir comme lui pour vivre de sa gloire. La souffrance chrétienne est donc aussi une conséquence pratique de notre régénération.

Je ne puis trouver, Messieurs, une meilleure occasion de vous en parler que celle qui se présente aujourd'hui. La croix, offerte par l'Église à nos adorations, n'est-elle pas le véritable livre de la souffrance? Si vous voulez bien lire avec moi ses pages sanglantes et méditer ses enseignements, vous y apprendrez ce que le chrétien doit penser de la souffrance, et comment il doit l'endurer.

I

La souffrance est un mystère qui déconcerte et désespère l'homme charnel. Il se demande pourquoi tant de maux nous troublent et nous affligent, quand notre nature réclame si impérieusement le repos et la félicité.

Nous voulons jouir, tranquillement et sans attendre, des biens que le monde où nous vivons met à notre portée : de la fortune, des honneurs, de la santé, des dons de l'esprit, de nos affections. Et voilà que des événements imprévus déroutent nos calculs, paralysent nos efforts, renversent nos fortunes, brisent nos carrières, font crouler les sommets où nous avions assis notre vie honorée ; voilà que des forces ennemies viennent à notre rencontre, nous assiègent, travaillent sourdement notre pauvre chair pour la tourmenter, la corrompre et la détruire ; voilà que les ténèbres descendent là où le travail de notre intelligence avait fait la lumière, et que notre cœur, navré et déchiré par l'ingratitude, la trahison, les séparations cruelles, voit s'en aller, l'un après l'autre, les chers amours dans lesquels il se complaisait et dont il avait fait son paradis. Notre corps est en proie à la misère, aux défaillances, aux langueurs, aux difformités, à la maladie, aux ravages des forces lentes qui le minent, aux surprises des forces brutales qui l'écrasent ; notre âme, en proie aux appréhensions, à l'ennui, au dégoût, à la tristesse, au chagrin, à l'angoisse, au découragement, au désespoir. — Nous souffrons !

Qui donc s'applique ainsi à nous décevoir ? — S'il est vrai qu'un Dieu a daigné pétrir de ses mains notre chair et l'animer de son souffle, y aurait-il mis un si grand besoin d'être heureux, pour qu'il ne fût jamais satisfait? Aurait-il creusé un si profond abîme, pour qu'il ne fût pas rempli? — Et, plutôt que de chercher ailleurs le mot de cette énigme, l'homme charnel s'étonne, s'irrite, et finit par croire qu'il n'y a pas de Dieu et que nous sommes les jouets d'une fatalité dont il faut s'efforcer de conjurer les caprices et les violences.

L'homme spirituel, Messieurs, le chrétien, n'éprouve ni ces étonnements ni ces colères, en face du mystère de la souffrance. Il sent, tout aussi bien que l'homme charnel, les vigoureuses poussées de l'instinct; il en voit la douloureuse contradiction; il en gémit et ne s'en trouble pas. Il pourrait demander à la philosophie la solution de cet étrange problème. Elle lui dirait que Dieu n'est point tenu de chercher la perfection dans chaque partie de son œuvre, mais seulement dans l'ensemble, qui, par son immensité, échappe à nos observations; qu'il n'est pas étonnant qu'un corps corruptible se corrompe, ni qu'une âme faillible défaille, ni qu'il y ait des lacunes et des accidents dans une nature imparfaite; que notre besoin d'être heureux, s'il n'est pas contenté dans

cette partie fugitive et changeante de notre existence qu'on appelle la vie terrestre, le sera dans
une fête éternelle où le bonheur ne peut plus être
troublé; qu'un repos et des jouissances sans fin
valent bien un rapide passage sur des sentiers
difficiles; que le temps d'une vie humaine, qui
n'est qu'un point dans une durée sans limites, ne
peut, au jugement d'un sage, embarrasser et
compliquer le problème de nos destinées; que
Dieu a bien le droit de choisir la route qui nous
mène à la conquête assurée et à la tranquille possession de la terre enchantée où tous nos désirs.
seront satisfaits, et d'imposer à notre courage les
fatigues d'une traversée orageuse.

Mais à quoi bon ces difficiles raisonnements?
Le chrétien n'a qu'à jeter un regard sur la croix,
pour savoir ce qu'il doit penser de la souffrance,

O vous, qui êtes cloué sur le bois d'infamie!
vous êtes vraiment le Fils de Dieu, je le crois.
Rien n'est plus pur que votre chair virginale,
rien n'est plus parfait que votre sainte âme, rien
n'est plus grand que votre personne. La nature
humaine, que vous avez mariée à la nature divine,
est en vous si belle, qu'elle a droit à tous les bonheurs, puisque la félicité est la naturelle com-

pagne de la perfection. Aussi l'Apôtre me dit-il qu'en entrant dans ce monde « Dieu vous a proposé les joies d'une vie heureuse et tranquille[1]. » Et cependant vous souffrez, comme jamais personne n'a souffert. Je vois vos pieds et vos mains percés de clous, votre tête déchirée par des épines cruelles, votre corps tout entier couvert de meurtrissures et de plaies, le sang qui partout ruisselle. J'entends les railleries et les injures de vos bourreaux, les gémissements de ceux qui vous aiment, les plaintes de votre chère âme trahie par la terre et abandonnée par le ciel. Pour en arriver là, vous avez affronté toutes les contradictions, toutes les ingratitudes, toutes les humiliations, tous les opprobres. Vous avez porté le fardeau du travail et de la pauvreté ; et, comme si la douleur eût été jalouse de tous vos instants, vous êtes né, comme un enfant de rebut, sous la voûte d'une étable et dans une crèche. O vous ! que je devrais appeler le grand Bienheureux, pourquoi souffrez-vous ?

Messieurs, un seul mot répond à cette question, c'est le nom même de celui qui souffre. On

---

1. Qui proposito sibi gaudio sustinuit crucem, confusione contempta. (Heb., cap. XII, 2.)

l'appelle Jésus, c'est-à-dire Sauveur. Et de quoi nous sauve-t-il? — Du péché. « C'est parce qu'il s'est fait le répondant de l'humanité pécheresse que Dieu l'écrase sous les coups de sa justice : *Peccata nostra ipse pertulit* [1]. *Attritus est propter scelera nostra* [2]. C'est à cause du péché qu'il souffre et qu'il meure, lui, le Juste, pour tous les injustes : *Christus pro peccatis nostris mortuus est, Justus pro injustis* [3]. » L'arbre sanglant sur lequel il expire n'a point poussé dans la nature vierge que Dieu avait créée, mais dans la nature que l'homme a profanée. Non, ce n'est point Dieu qui a fait la souffrance. Sa paternelle bonté avait mis dans le germe de notre race une surnaturelle vigueur qui tenait en suspens les forces ennemies de notre repos et de notre félicité. Mais le père du genre humain, au lieu de nous transmettre cet étonnant privilège, y a volontairement renoncé, en désobéissant à son créateur. Ne recevant plus de lui qu'une nature déchue, il faut que nous subissions les conséquences de sa prévarication. Pécheurs de naissance, parce que

1. I Petr., cap. II, 24. — Isai., cap. LIII, 4.
2. Isai, cap. LIII, 5.
3. I Petr., cap. III, 18.

nous sommes les enfants d'un pécheur, nous le devenons volontairement comme lui, parce qu'il nous a affaiblis, et la conséquence du péché, c'est la souffrance. Qui donc saurait que le péché est le plus grand de tous les maux, le mal par excellence, l'unique mal, si Dieu, par des peines sensibles, ne nous mettait, en quelque sorte, cet affreux mystère sous les yeux? Qui donc pourrait deviner que le péché est la mort surnaturelle de notre âme, si, après qu'il est consommé, rien n'était troublé dans notre vie naturelle? Qui donc croirait que Dieu est offensé par le péché, s'il ne punissait pas le pécheur? « La mort et le lugubre cortège de douleurs qui la précèdent, c'est le prix du péché : *Stipendia peccati mors* [1]. »

Cette vérité est écrite en caractères sanglants sur la chair martyrisée de notre Sauveur. Il expie nos fautes par ses inénarrables souffrances. Mais, est-il vrai que cette expiation est tellement consommée dans sa personne adorable que nous n'ayons plus aucune peine à endurer pour satisfaire à la justice de Dieu? — L'hérésie im-

1. Rom., cap. vi, 23.

pudente et immorale le prétend. Sa doctrine‘ par trop commode, supprime toutes les douleurs volontaires des pécheurs et, du même coup, l'explication surnaturelle et vraiment populaire des maux que nous sommes obligés de subir.

Ce n'est point ainsi que le chrétien entend le mystère de la croix. Il y voit des expiations infinies proportionnées à l'infinie majesté du Dieu que le péché offense ; mais il sait que ces expiations ne peuvent lui servir qu'autant qu'elles contre-signent les peines qu'il endure lui-même. Bien loin de se croire affranchi de toute redevance envers la justice divine, en voyant souffrir son Sauveur, il sent qu'il ne peut obtenir son pardon qu'en souffrant avec lui. Il estime que le péché, qui fait tant souffrir l'innocent, est un si grand mal qu'il ne sera jamais assez puni dans celui qui l'a commis ; et, quand bien même son âme et son corps seraient accablés de tous les maux imaginables, il demeure convaincu « que Dieu est juste et que son jugement est plein de droiture : *Justus es, Domine, et rectum judicium tuum* [1] ».

1. Psalm. CXVIII.

Est-ce à cette sinistre vision de la justice que s'arrête le regard du chrétien, et ne voit-il dans la souffrance qu'une punition du péché? Non, Messieurs : la justice le conduit à la miséricorde, et la miséricorde lui montre, avec le pardon de ses fautes, une force préservatrice que possède la souffrance pour garantir notre nature déchue des envahissements d'une corruption dont le triomphe serait le plus grand des périls pour notre salut.

Lors même que notre volonté ne s'est pas encore prononcée pour le mal, nous sommes des hommes de péché. Le Christ, né d'une Vierge immaculée, et pénétré de la sainteté de Dieu, n'avait rien à craindre d'une vie heureuse et tranquille, s'il l'eût choisie pour son partage ; mais nous, issus d'une source profanée et remplis de germes corrompus, nous avons tout à redouter des grands calmes qui laissent tomber inertes au fond de notre nature, oublieuse et facile à l'illusion, les éléments conservateurs que Dieu a mêlés à notre corruption.

Notre nature est comme la mer, les tempêtes lui sont propices. Que de fois, du haut des falaises qui bordent l'Océan, j'ai prêté l'oreille à sa grande voix. Les vents tombaient furieux sur la masse profonde de ses eaux et semblaient fouiller l'abîme; les vagues tourmentées succédaient aux vagues, et je croyais entendre, près de moi, comme les mugissements d'un géant dont la poitrine se brise, au loin, comme les gémissements d'une foule éplorée. Et je disais : « *Quid est tibi mare?* O mer, qu'as-tu donc à te plaindre? » — Et la voix des flots répondait : « Hélas! mon misérable sort est de toujours être troublée et de toujours souffrir. Mes repos sont trop courts pour me faire oublier la violence des tempêtes. Quand cesseront-elles de me tourmenter? Quand pourrai-je, pendant de longs mois et de longues années, étendre et laisser dormir la vaste nappe de mes eaux, refléter dans leur tranquille miroir l'azur et les clartés d'un ciel serein, laisser pénétrer jusqu'au fond de mes abîmes la douce chaleur du soleil? » — O mer, si tu savais!... Les tempêtes dont tu te plains ne te sont point barbares. Elles ne t'agitent que pour mêler sans cesse à tes flots les éléments qui les conservent. Si elles retenaient leur souffle pour te laisser dormir trop longtemps, tout ce qui t'est sain tomberait, comme un sédiment inutile, au fond de tes abîmes, et tes eaux corrompues, au lieu d'être le réservoir salutaire auquel s'alimente la création, deviendraient un lac pestilentiel ; les peuples fuiraient tes rivages malsains, et ne t'appelleraient plus que la grande empoisonneuse. — Et il me semblait qu'un immense soupir répondait : — Souffrons !

Vous êtes trop intelligents, Messieurs, pour ne pas vous reconnaître en cette grande image. Comme la mer tourmentée, vous gémissez sous le coup des tempêtes qui agitent votre vie ; mais l'expérience a dû vous apprendre qu'elles valent mieux pour vous que ces calmes prolongés dont profitent nos mauvais instincts pour se satisfaire, pendant que tombent dans les abîmes de l'oubli l'intelligence et le sentiment du devoir, et surtout les éléments les plus énergiquement conservateurs de nos croyances et de nos vertus : les principes de la foi que Dieu a miséricordieusement mêlés à notre nature pour la sauver de la corruption. Ne jamais souffrir est, pour la plupart d'entre nous, le plus grand de périls. L'homme charnel ne l'entend pas ainsi ; mais le chrétien, éclairé par la contemplation du mystère de la croix sur les rapports de la douleur et du péché, comprend qu'il a besoin de souffrir autant pour se préserver que pour expier ses fautes. Une vie tranquille et prospère ouvre un trop libre champ aux convoitises de la chair contre l'esprit, nous invite à jouir plus qu'il ne faut des plaisirs des sens et des biens de ce monde, à nous y attacher jusqu'à l'oubli de Dieu et de nos éternelles destinées ; mais, vienne la souffrance, les principes de la foi, un instant submergés par les instincts, remontent à la surface et arrêtent le travail commencé de notre corruption. Ils rappellent au chrétien, divinement troublé, que les convoitises de la chair doivent être réprimées, qu'il n'y a ici-bas que des félicités menteuses, et l'obligent à se jeter entre les bras du Dieu Sauveur, qui seul peut donner à notre nature l'éternel et complet repos vers lequel elle aspire.

La souffrance expie, la souffrance préserve. Est-ce là tout ce que le chrétien doit en penser ? Non, Messieurs. Les considérations de la foi que vous venez d'entendre, si supérieures aux raisonnements philosophiques, peuvent être remplacées dans l'esprit chrétien par une vérité unique dont il est seul capable de comprendre le sens profond et de mesurer la portée. Cette vérité est écrite sur la croix du Sauveur en caractères plus étincelants que toutes celles qui viennent d'être méditées. — La voici ! — Le Dieu qui nous a enfantés à la vie chrétienne et nous a donné son nom est un Dieu souffrant. — Nous nous appelons chrétiens, parce que nous sommes du Christ. Son nom est inscrit non seulement sur les registres de notre baptême, mais sur l'incorruptible substance de nos âmes par le caractère sacramentel. Nous aurons beau faire passer sur lui les eaux impures de l'iniquité, il subsistera éternellement pour attester éternellement que nous sommes du Christ.

Or, la condition d'un être dépend de son origine. Le Christ, dont nous portons le nom, nous a enfantés ; mais comment ? Est-ce dans l'enivrement de la joie et du plaisir ? Non, chrétiens, mais dans l'enivrement de la souffrance, des larmes et du sang. O âmes, ensevelies pour renaître dans les douleurs de votre Dieu, baptisées dans ses larmes, empourprées de son sang, comprenez-vous bien le mystère de votre union avec le Christ immolé ? Oui, Jésus a expié vos péchés, oui, il vous a rachetés au prix de sa passion, mais ce n'était pas le dernier mot de ses desseins sur vous. En s'abaissant, il voulait vous ressembler, afin de devenir votre modèle en toutes choses. Le voilà sous vos yeux. Et « non seulement, dit l'Apôtre, il vous a été donné de croire en lui (ce n'est que le commencement de la vie chrétienne), mais de souffrir pour lui, avec lui et comme lui [1]. » Lui-même vous convie aux luttes de la douleur : « Si quelqu'un veut venir après moi, dit-il, qu'il porte sa croix et qu'il me suive [2]. — Quiconque refuse n'est pas digne de moi [3]. » C'est donc bien vrai, mon Jésus, que tu es le divin capitaine de cette milice violente et terrible qui doit conquérir le royaume de Dieu. Tu nous invites à suivre ton drapeau, tu nous appelles sur tes traces ; mais si tu ne nous offres qu'un drapeau sanglant, si tu ne marches toi-même qu'à travers les périls, si tu meurs au

---

1, Vobis donatum est pro Christo, non solum ut in eum credatis, sed ut etiam pro illo patiamini. (Philipp., cap. 1, 29.)

2. Si quis vult venire post me... tollat crucem suam, et sequatur me. (Matth., cap. xvi, 24.)

3. Qui non accipit crucem suam, et sequitur me, non est me dignus. (ibid., cap. x, 38.)

champ de la souffrance, voudrions-nous, lâches soldats, ne suivre qu'une bannière de liesse et nous endormir paisiblement sur une route de plaisirs ? Non, non, mon divin Roi, tu as souffert, nous devons souffrir avec toi. Et, quand nous n'aurions point d'autre raison que celle-là pour nous expliquer la souffrance, elle suffirait à notre foi de chrétiens, à notre amour de fils, à notre honneur de soldats !

II

La croix, en nous donnant le sens chrétien de la souffrance, dispose nos âmes à recevoir une leçon plus pratique ; car il ne nous suffit pas de savoir pourquoi nous devons souffrir, nous avons besoin d'apprendre comment il faut souffrir.

L'homme charnel, ainsi que nous le disions en commençant, s'étonne des austères visites de la douleur. Son étonnement engendre la colère, sa colère le pousse à la révolte, sa révolte se traduit par le blasphème. Il s'en prend à Dieu de la violence qui contrarie ses désirs de bien-être, et, non content d'accuser ses infinies perfections, il va jusqu'à nier son existence.

Sans être aussi coupables que l'homme charnel, nous le suivons de près, lorsque, par nos lâchetés, nos impatiences, nos plaintes, nos murmures, nous semblons reprocher à Dieu d'oublier sa bonté et d'exagérer à notre endroit les revendications de sa justice. Si nous ne faisons pas de la souffrance un péché, à tout le moins nous en perdons le mérite, parce que nous ne savons pas souffrir chrétiennement.

Qu'est-ce donc que souffrir chrétiennement?

Est-ce prendre la fière résolution de n'accuser aux yeux des hommes aucune faiblesse? Est-ce faire appel à toutes les énergies de la nature pour ne pas s'avouer vaincu par la douleur? Est-ce se gonfler de superbe dans la résistance aux assauts qu'elle nous livre et lui dire avec mépris : Douleur, tu n'es pas un mal? Ainsi faisaient les stoïciens, et ils se croyaient dignes de l'admiration du ciel et de la terre.

Je me garderai bien, Messieurs, de proposer à votre imitation les rares exemples de force qu'ils nous ont donnés. Je n'y vois rien d'humain, rien de divin. Rien d'humain, parce qu'ils ne tiennent aucun compte des inévitables faiblesses qu'on rencontre dans la généralité des hommes, rien de divin, parce que leur étrange courage est le triomphe d'un vice qui le rend odieux : l'orgueil à sa plus haute expression.

Ah ! qu'il comprenait bien mieux notre infirme nature et le prix de la souffrance, le divin patient que l'Église nous montre expirant sur la croix. « C'est pour nous qu'il a souffert, dit l'apôtre saint Pierre, nous donnant l'exemple, afin que nous souffrions comme lui[1]. » Oui, comme lui ; car, pour rendre nos douleurs sublimes comme les siennes, il a commencé par compatir à notre faiblesse et nous a imités dans ces naturelles défaillances qui précèdent fatalement les généreuses acceptations de notre volonté. Il aurait pu, mieux que les orgueilleux stoïciens, se montrer insensible à la douleur ; mais il savait qu'un pareil exemple eût dominé de trop haut notre infirmité pour qu'il fût possible à tous de l'imiter, et c'est à tous qu'il voulait apprendre le grand art de souffrir chrétiennement. Il s'est donc fait autant humain qu'il le pouvait pour nous rendre divins. Il a pleuré, il a gémi, il s'est plaint, il s'est laissé accabler, afin de nous bien

1. Christus passus est pro nobis, vobis relinquens exemplum, ut sequamini vestigia ejus. (I Pet., cap. II, 21.)

convaincre qu'il n'y a, dans ces inévitables faiblesses, ni faute, ni déshonneur.

O mon Sauveur, que vous êtes bon! Vous ne
me demandez point d'étouffer les soudaines
explosions de la nature tourmentée, souvent plus
fortes que tous les courages. Si mon cœur est
blessé dans ses affections par la honte, par l'ingratitude, les séparations cruelles, je puis pleurer, car vous avez pleuré sur l'infortunée Jérusalem et sur la tombe de votre ami Lazare. Si
j'ai peur des maux qui doivent fondre sur moi,
je puis demander à Dieu qu'il les écarte, car vous
avez eu peur vous-même, et vous avez dit à votre
Père : « Père, faites que ce calice passe loin de
moi! » Si mon pauvre corps est torturé par la
souffrance, je puis implorer du soulagement, car
vous avez crié du haut de la croix : « J'ai soif! »
Si mon âme est accablée par le chagrin, si je me
sens abandonné, je puis gémir et me plaindre,
car vous avez laissé échapper de vos lèvres adorables ces douloureuses paroles : « Mon âme est
triste jusqu'à la mort : — Mon Dieu, mon Dieu,
pourquoi m'avez-vous abandonné? » Encore une
fois, il n'y a, dans ces faiblesses de la nature, ni
faute, ni déshonneur.

La faute, Messieurs, c'est le retour que fait sur lui-même celui qui souffre pour se convaincre qu'il n'a pas mérité ses douleurs ; c'est l'opiniâtreté avec laquelle il accuse les hommes, les choses, les événements, des maux qu'il endure ; c'est l'égoïsme exigeant avec lequel il accapare les préoccupations et les soins de ceux qui l'entourent ; c'est l'âpre recherche des consolations humaines ; c'est le désir impatient d'en finir avec la douleur ; c'est l'oubli de la volonté souveraine qui ne nous afflige jamais que dans des intentions miséricordieuses.

Le déshonneur, c'est ce puéril accablement de toutes nos forces qui nous rend incapables de tirer de la douleur aucun profit pour notre grandeur morale et, surtout, pour la sanctification de nos âmes.

Rien de semblable dans les adorables faiblesses du Christ souffrant. Il a imité notre infirmité en ce qu'elle a d'innocent et de fatal ; mais avec quelle promptitude et quelle force il la relève ! Il pleure, il gémit, il se plaint, il s'affaisse ; mais, aussitôt, il se soumet aux desseins et aux ordres de son Père et s'abandonne tendrement à lui. « Que votre volonté se fasse et non la mienne, ô mon Père! — Je remets mon âme entre vos mains! »

Voilà la souffrance chrétienne, Messieurs ; la résignation y triomphe de toutes les faiblesses.

Après les premières explosions de la nature tourmentée, le chrétien, à l'imitation de son Sauveur, se retourne vers Dieu, et ne veut plus voir que son adorable volonté dans les maux qu'il endure. Le concert de ses pleurs, de ses gémissements et de ses plaintes se résoud en cette finale sublime : *Fiat!* O Dieu juste et bon, vous voulez les tristesses et les angoisses de mon âme : *Fiat!* les déchirements de mon cœur : *Fiat!* la ruine de mes desseins : *Fiat!* l'écroulement de ma fortune : *Fiat!* l'éclipse de mon honneur : *Fiat!* les langueurs et les tortures de mon corps : *Fiat!* Pour l'expiation de mes péchés : *Fiat!* pour la satisfaction de votre justice : *Fiat !* pour me préserver des périls d'une vie tranquille et prospère : *Fiat!* pour l'honneur du Christ béni qui m'a engendré dans la souffrance : *Fiat! Fiat! Fiat!*

La résignation, Messieurs, est le *minimum* de la souffrance chrétienne. Jésus-Christ la demande à tous ses enfants. Un chrétien qui ne se résigne pas dans la douleur est indigne du nom qu'il porte. Mais je ne veux pas m'arrêter à ce premier chapitre des enseignements pratiques de la croix qui s'adresse à tout le monde. Il y a bien ici quelques âmes généreuses, capables de comprendre ce qu'il y a d'achevé dans l'art de souffrir chrétiennement.

Notre grand maître en cet art ne s'est point contenté de se soumettre à la volonté de son Père, il l'a devancée par la ferveur de ses désirs. Il a souffert avec amour, avec passion. « Je dois être baptisé d'un baptême de sang, disait-il à ses disciples, et comme mon âme est angoissée dans l'attente de ce baptême [1] ! » Pourquoi cette angoisse? Pourquoi ce désir violent qui tourmente le cœur de notre Sauveur, à l'heure même où il nous donne le spectacle de ses miséricordieuses faiblesses? Pourquoi, Messieurs? — Parce qu'il voit dans ses souffrances la gloire de Dieu et le salut du genre humain, objets de l'amour passionné qui l'a porté à se livrer lui-même au sup-

---

1. Baptismo habeo baptizari, et quomodo coarctor usque-dum perficiatur! (Luc., cap. XII, 50.)

plice de la croix : « *Dilexit et tradidit semet-*
ipsum [1] ».

En même temps donc qu'il impose à toute la
famille chrétienne l'obligation de se résigner à
la souffrance, il invite les âmes héroïques à la
désirer et à l'aimer passionnément, lors même
qu'elle ne devrait pas servir à payer leurs dettes
de péché.

Pour ces âmes profondément pénétrées des
enseignements de la croix, la souffrance n'est
point un mal subi, mais un bien cherché, une
sorte de monnaie divine qu'elles jettent libéralement dans le trésor de l'Église, et que Dieu prend,
comme il lui plaît, quand il lui plaît, pour en appliquer les mérites aux individus et aux peuples
qu'il veut sauver. Que Dieu soit content, que les
hommes profitent de leurs douleurs, c'est tout ce
qu'elles désirent. Elles ne s'inquiétent point de
ce qu'il leur en revient. Il leur suffit de savoir
que plus elles ont souffert, plus elles ont aimé.

Vous me demandez, Messieurs, où sont ces
âmes, où sont ces amants passionnés de la souffrance. — Partout et dans tous les siècles. Vous

1. Ephes., cap. v, 2.

ne pouvez parcourir les annales du christianisme sans les rencontrer à chaque pas. Ce sont les martyrs, qui volent au-devant des supplices ; c'est un Ignace d'Antioche, qui écrit aux Romains : « Viennent contre moi le feu, la croix, les bêtes, ce qui brise les os, ce qui divise les membres, ce qui broie le corps, tous les tourments inventés par la malice du démon : je suis heureux, pourvu que je jouisse de mon Christ [1] ; » c'est un Dominique, qui fuit les lieux où il est honoré, pour aller là où on le tourmente ; c'est un François Xavier, qui s'écrie : « Encore ! Encore ! » c'est un Jean de la Croix, qui demande pour récompense de ses travaux de souffrir et d'être méprisé pour Dieu ; c'est une Thérèse, une Marie-Madeleine de Pazzi, qui poussent ces cris héroïques : « Ou souffrir, ou mourir ! — Jamais mourir, toujours souffrir ! » Et, cependant, il semble parfois que ces grandes âmes vont être écrasées par la douleur. Eh bien, non ! Comme ces forts soubassements qui soutiennent les colonnes ruineuses d'un temple antique, on croit qu'elles vont

---

1. Ignis, crux, bestiæ, confractio ossium, membrorum divisio, et totius corporis contritio, et tota tormenta diaboli in me veniant : tantum ut Christo fruar.

tomber bientôt, mais les tempêtes et les siècles passent, le temple est encore debout; ainsi Dieu, caché dans les profondeurs des âmes héroïques, ses temples vivants, les soutient contre les assauts de la douleur. C'est sa manière de récompenser leur amour ici-bas.

Je dis ici-bas, Messieurs, car Dieu réserve d'admirables récompenses à la souffrance chrétienne ; il est temps de vous en montrer le bienheureux terme. Ce terme est, pour tous ceux que le Christ a enfantés dans la douleur, ce qu'il a été pour le Christ lui-même. Or, « nous le voyons », s'écrie l'Apôtre, « nous le voyons, ce Jésus, couronné de gloire et d'honneur à cause de sa passion : *Videmus Jesum, propter passionem moris gloria et honore coronatum* [1]. » Et lui-même, avant d'ouvrir triomphalement la porte des cieux, nous a dit : « Il a fallu que le Christ souffrît pour entrer dans sa gloire : *Oportuit pati Christum et ita intrare in gloriam suam* [2]. » Le temps ne me permet pas d'insister sur les sublimes rapports de la douleur et de la gloire. Il vous suffira, je pense, de savoir que l'une est la porte assurée de l'autre.

1. Heb., cap. ii, 9.
2. Luc., cap. xxiv, 26.

Toute souffrance endurée chrétiennement sur cette terre supprime une souffrance qu'il nous faudrait subir, dans un autre monde, pour nous purifier des restes du péché, et nous fait arriver plus vite à l'éternelle récompense que Dieu nous destine. A toute souffrance endurée chrétiennement sur cette terre correspond, dans le ciel, un degré de gloire qui nous configure au divin triomphateur. Plus nous lui ressemblerons dans la douleur, plus nous serons rapprochés de lui dans la gloire. Soutenu par cet espoir, le chrétien, où qu'il en soit dans l'art de souffrir, peut s'écrier comme le grand Apôtre : « Je surabonde de joie en toute tribulation. » Et sa joie sera comblée, lorsque la splendeur et l'intensité de la félicité éternelle lui fera comprendre plénièrement le sens de cette devise des enfants de Dieu et des cohéritiers du Christ : « *Si tamen compatimur, ut et conglorificemur.* »

Notre méditation est finie, Messieurs. La croix nous a appris ce qu'il faut penser de la souffrance et comment un chrétien doit la supporter. Remercions-la des nobles et touchantes leçons qu'elle nous a données, et offrons-lui, tous ensemble, l'hommage vengeur de nos respects et de notre amour. Il y a, hélas ! même parmi ceux qu'elle a enfantés à la vie chrétienne, des légions de misérables qui l'abhorrent. Indulgents pour les ordures qui corrompent le peuple, ils lui font la chasse comme à un objet malfaisant. Je comprends leur fureur. La croix condamne les passions qu'ils voudraient satisfaire, la croix leur rappelle que le pécheur doit souffrir, la croix leur annonce qu'ils n'échapperont pas à la justice divine, la croix trouble leurs instincts matérialistes avides de bien-être et de plaisirs. En la supprimant, ils croient pouvoir jouir sans remords. Mais ils ont beau faire, ô croix bien-aimée, tu resteras, parce que nous te voulons. Nous te voulons, non seulement dans nos églises, royales demeures où tu présides à tous nos actes religieux, nous te voulons sur nos cœurs, dont tu apaises les gémissements et dont tu fais mériter toutes les peines ; nous te voulons dans nos demeures, où tu nous fais attendre avec patience et résignation les visites de l'adversité, où tu conjures le découragement et le désespoir ; nous te voulons dans nos écoles, où tu rappelles aux enfants qu'ils sont spirituellement issus du sang d'un Dieu immolé, et qu'ils seront les bienheureux cohéritiers de sa gloire, après avoir été les glorieux compagnons de ses combats ; nous te voulons dans nos tribunaux, où tu nous apprends, instrument de la justice de Dieu, à respecter la justice des hommes; nous te voulons sur les bords des chemins que nous parcourons en cette vallée d'exil, où tu nous dis : Passez, passez, tout bonheur de la terre est trompeur, il n'y a de vrai que le bonheur des cieux ; nous te voulons dans nos cimetières, où tu protèges nos dépouilles humiliées, où tu protestes contre les derniers sévices de la mort et du péché, écrivant sur chacun des atomes de notre chair, à mesure qu'elle se dissout : — Le chrétien n'a souffert que pour être glorifié avec le Christ, son Roi, dans l'éternelle résurrection : « *Si compatimur, ut et conglorificemur.* »

SAINT JOUR DE PAQUES

ALLOCUTION

Sanctum quoque Paraclitum
Spiritum.

Messieurs,

L'Église veut que les louanges de l'Esprit-Saint retentissent dans les actions de grâces que nous rendons à Dieu pour ses grands bienfaits, parce que l'Esprit-Saint est le don suprême de l'amour divin. Tous ensemble nous avons maintes fois béni et confessé, après nos communions, le Père, qui remplit de son immense majesté le ciel et la terre, dont la parole féconde a fait jaillir du néant le monde et ses harmonies, à qui nous devons de vivre, de régner sur les créatures, et d'être des-tinés à l'éternelle et ineffable béatitude de la vision divine; le Fils, substantielle et vénérable image du Dieu qui l'engendre, humilié pour nous dans le sein d'une Vierge, victime de nos péchés, restaurateur de l'humanité déchue, vainqueur de la mort, source de toutes les grâces, fondateur de la société chrétienne. C'est aujourd'hui le tour de de l'Esprit-Saint, dont nous avons appris à connaître les sublimes opérations dans les sacrements de notre régénération et de notre perfectionnement : *Sanctum quoque Paraclitum Spiritum.*

Lui rendre hommage, Messieurs, ce n'est point détourner votre attention du grand mystère qui vient de sanctifier vos âmes; car là où est Jésus-Christ, là est son Esprit. Il le respire en tous ceux qu'il vivifie. S'il vous donne sa chair et son sang dans l'Eucharistie, croyez bien qu'il ne veut pas s'en tenir à l'union purement transitoire de votre âme avec sa personne adorable : son dessein est de rester avec vous quand le sacrement sera consumé, et ce dessein s'exécute par l'union permanente de votre esprit avec son Esprit.

On le perd par le péché, ce don exquis de l'amour divin; mais il laisse dans les caractères sacramentels des traces de son passage, des signes de rappel, que ne peuvent effacer ni les sacrilèges efforts de nos actes coupables, ni la fange de nos habitudes dépravées. Chassé de l'âme, il est tout prêt à rentrer dans son temple profané, dès que l'aspersion du sang de Jésus-Christ l'aura purifié et qu'on y pourra célébrer de nouveau les mystères divins.

Or, l'aspersion du sang de Jésus-Christ, vous l'avez reçue par la pénitence ; les mystères divins, vous venez d'y participer. Réjouissez-vous, Messieurs ! Jésus-Eucharistie va vous rendre son Esprit, et faire revivre les prodiges de lumière et de force qui ont illustré votre régénération par le baptême et votre enrôlement dans la milice du Christ par la confirmation.

Sauveur bien-aimé, exhalez encore une fois votre divin souffle, et dites à tous ces hommes que vous possédez, en ce moment, ce que vous avez dit à vos apôtres : « *Accipite Spiritum Sanctum.* » Et vous, Esprit-Saint, venez : *Veni, Sancte Spiritus.*

Vous êtes lumière : Éclairez nos âmes et faites-les marcher droit à travers les si nombreuses erreurs qui conspirent contre les principes de la foi. Ne permettez pas que nous soyons séduits par les sophismes auxquels se laissent prendre tant d'esprits faibles. Restaurez et fortifiez en nous l'esprit chrétien que nous avons reçu au baptême, et préservez-le des monstrueux alliages qui le déshonorent. Pendant que les fils d'iniquité s'efforcent de cacher au monde la face adorable de Dieu, faites-nous penser à lui, révélez-nous ses infinies perfections, réveillez en nous le souvenir de ses bienfaits, montrez-le nous en toutes choses ; que ses enseignements, ses desseins, sa volonté, sa sainteté, soient la mesure de nos connaissances, de nos jugements, de nos affections, de nos actes et de nos vertus. Que la gloire qu'il nous a promise étouffe en nos cœurs chrétiens l'estime des biens périssables et menteurs auxquels l'esprit du siècle attache une si grande importance. Et, puisque nous sommes, sous le rayonnement de vos dons, lumière dans le Seigneur, faites-nous marcher comme des enfants de lumière. Assez d'autres s'égarent dans la nuit profonde du mensonge, que tous ceux qui sont ici demeurent dans la vérité.

Esprit de Dieu, vous êtes force : Affermissez en nous la liberté chrétienne et délivrez-nous pour jamais de tous les esclavages. Donnez-nous le

courage de toujours penser, parler et agir conformément aux principes de notre foi; de faire
prévaloir ces principes contre toutes les contradictions des pouvoirs, de l'opinion et des passions, et de ne nous laisser humilier ou enchaîner ni par la peur, ni par la honte, ni par la
mollesse. En tous nos combats, faites-nous si
bien sentir votre victorieuse assistance que nous
puissions traverser, le front haut, les vils troupeaux d'esclaves qui flattent les pouvoirs pré-
varicateurs, se laissent mener par l'opinion et
se traînent humiliés sous le joug honteux de
leurs passions, et leur apprendre, par notre
noble et généreuse indépendance, que là où est
l'Esprit de Dieu, là est la liberté : « *Ubi Spiritus, ibi libertas.* »

Esprit de lumière, faites-nous si bien comprendre le prix de la vie chrétienne et la féconde
vertu de la grâce que nous n'ayons rien plus à
cœur que de fermer nos âmes aux envahissements du péché, et de préserver nos œuvres de
la stérilité qui, trop longtemps, les a déshono-
rées, afin que nous puissions être, en toutes
choses, le peuple que Dieu agrée : « *Populum
acceptabilem.* »

Esprit de force, faites-nous renoncer à l'impiété et aux désirs du siècle, résister aux entraînements de la vie mondaine, vivre sobrement, justement et pieusement au milieu des tentations qui nous invitent à l'abus du bien-être et des plaisirs, à l'âpre et déloyale recherche des honneurs et des biens de ce monde, à l'oubli de Dieu et des saintes lois de l'amour chrétien, passer, enfin, comme des étrangers sur cette terre, l'œil toujours fixé vers le ciel, objet de notre bienheureuse espérance.

Esprit de lumière, pénétrez-nous d'une profonde estime pour l'honneur que Dieu nous a fait en nous associant, par la paternité chrétienne, à sa paternité surnaturelle.

Esprit de force, faites-nous accomplir sagement, noblement, héroïquement, les devoirs de cette paternité chrétienne, par l'enseignement, l'exemple, la protection. Si nous sommes doux et dociles comme des agneaux dans les offices de notre vie civique, rendez-nous intrépides comme des lions quand il s'agira de revendiquer les droits du baptême, et de soustraire l'enfance chrétienne aux profanations des outranciers du laïcisme.

Esprit de lumière, Esprit de force, nous ne savons quelles douleurs nous prépare l'iniquité triomphante. Mais, quoi qu'il arrive, rappelez-nous que nous sommes les membres et les cohéritiers du Christ martyr, et, jusqu'au bout de l'épreuve, configurez-nous par la patience à ses douleurs, afin que nous participions à sa gloire : « *Si compatimur, ut et conglorificemur.* »

Il vient, Messieurs, il est venu, le lumineux et tout-puissant Esprit de Dieu ! A l'heure où je vous parle, le Christ, que vous avez reçu dans la sainte communion, le respire en vos âmes.

Il me semble le voir réparer et graver plus profondément les traits de votre physionomie divine, rétablir et affermir vos puissances sacerdotales, creuser de mystérieux canaux pour recevoir les grâces de choix dont vous avez besoin en ces temps difficiles, consolider l'armure dont vous fûtes revêtus au jour de votre enrôlement dans la milice de la foi. Abreuvés de sa lumière et investis de sa force, allez, et montrez-vous ce que vous ont faits les sacrements de baptême et de confirmation : les enfants de Dieu et les soldats de son Fils Jésus-Christ.

—

DEVOIRS EUCHARISTIQUES

PREMIÈRE INSTRUCTION

LA VISITE AU SAINT-SACREMENT

Messieurs,

Quel mystère! Quelle merveille! Quel chef-d'œuvre que l'Eucharistie! Mais aussi quel bienfait! Un Dieu, hôte du ciel, sans quitter le trône où il reçoit les éternels hommages des anges et des élus, vient fixer sa demeure au milieu des enfants des hommes; un Dieu, pain vivant des habitants de la patrie, se fait le pain des voyageurs et des exilés; un Dieu, déjà immolé sur la croix, s'immole chaque jour sur nos autels, et répand autour de lui les mérites infinis de son sacrifice. Nous avons admiré, dans ce bienfait, la puissance, la sagesse, l'amour du bienfaiteur[1]. En ces jours bénis de la retraite, nous avons mieux à faire. Sortis de nous-mêmes par l'admiration, rentrons-y par le recueillement, et, à la lumière que projette sur notre vie chrétienne le sacrement de l'autel, étudions nos devoirs eucharistiques.

Le premier de tous, impérieusement déterminé par la présence même d'un Dieu, est le devoir de l'adoration. L'Église le réclame sous peine d'anathème[2], et j'ose croire, Messieurs, que personne d'entre vous ne le refuse. Mais tous, assurément, n'en comprennent pas l'étendue. Autre chose est de s'incliner respectueusement devant une royale majesté quand on la rencontre, et autre chose de fréquenter avec amour les lieux où elle réside et de répondre avec un joyeux empressement à ses invitations et à ses prévenances.

La présence de Jésus-Christ au milieu de nous n'est point le rapide passage d'un voyageur

1. Cf. *Exposition du dogme catholique*, Carême 1884 : *Eucharistie.*

2. Si quis dixerit, in sancto Eucharistiæ sacramento, Christum unigenitum Dei Filium non esse cultu latriæ, etiam externo, adorandum..... et ejus adoratores esse idololatras ; anathema sit. (Conc. Trid., sess. XIII, can. 6.)

illustre qui va d'un pays à un autre, ne demandant aux lieux où il s'arrête qu'une courte hospitalité ; point l'apparition d'un maître qui traverse la foule tremblante de ses serviteurs et s'empresse de leur communiquer ses ordres ; point le voyage officiel d'un roi qui vient éblouir, pendant quelques jours, ses sujets, par le prestige de sa grandeur, et mendier leurs serviles acclamations. — Non. — C'est la visite à demeure, la perpétuelle résidence d'un ami qui fait ses délices d'habiter près de ceux qu'il aime. Admirable condescendance, qui mérite bien, ce me semble, que nous fassions quelques pas pour visiter Celui que d'infinies distances n'ont pas effrayé, quand il s'est agi de se rapprocher de nous.

La visite de Jésus-Christ, notre Dieu et notre ami, au très Saint-Sacrement, tel est, Messieurs, l'acte religieux dont je veux vous faire comprendre aujourd'hui l'importance. Vous l'avez peut-être considéré, jusqu'ici, comme une pratique surérogatoire qu'il faut laisser aux gens d'Église et aux dévots inoccupés ; j'espère vous montrer que c'est pour tous les chrétiens un devoir et un besoin.

1

Les convenances sociales ne nous imposent pas l'obligation de visiter ceux que leur état et leur condition placent sous notre dépendance et que le respect ou le besoin amènent auprès de nous. Il en est autrement de ceux qui, plus élevés que nous en dignité et en puissance, ont droit aux témoignages de notre vénération, nous ont rendu ou peuvent nous rendre d'importants services. C'est un devoir pour nous d'aller leur présenter nos hommages, lors même que, trop jaloux de leur grandeur, ils se tiennent à distance et nous attendent avec une sorte de fierté. Mais, s'ils nous préviennent, s'ils s'abaissent vers nous, s'ils nous invitent gracieusement à profiter de leur condescendance, s'ils nous ouvrent, par cette condescendance, la porte de leur intimité et de leurs bons offices, le devoir devient tellement impérieux et pressant que, refuser ou négliger de l'accomplir, c'est non seulement offenser les règles du savoir-vivre et des convenances, mais se rendre coupable d'ingratitude et d'injustice.

Or, telle est, Messieurs, notre condition vis-à-vis de l'adorable visiteur qui, du ciel, est descendu dans nos tabernacles. Vrai Fils de Dieu, Verbe glorieux et tout-puissant, alors que c'était une obligation pour nous de le chercher, et de lui envoyer, des profondeurs de notre indignité et de notre misère, l'hommage anéanti de notre absolue dépendance, il nous a prévenus. Ce n'est point notre force qui l'amène en nos temples ; nouveaux Titans, nous n'avons pas escaladé le ciel pour arracher au sein du Père éternel le Fils chéri qui fait sa joie et en qui il a mis toutes les complaisances de son amour. Il n'a point cédé à la ferveur de nos unanimes supplications, car, hélas ! pendant quarante siècles, l'humanité n'a guère fait entendre que des blasphèmes. C'est de lui-même, et par amour, qu'il est venu accomplir une vieille promesse, faite au père du genre humain ; et, parce que son inclination native le pousse aux excès d'amour et de générosité, il a consommé l'accomplissement de sa promesse par sa visite universelle, quotidienne, perpétuelle, à l'humanité.

Nous avons suivi, à travers les âges, la longue série de ses manifestations [1], jusqu'au jour béni

---

1. Cf., *Exposition du dogme catholique*. Soixante-neuvième conférence : *Les contrastes Eucharistiques*. 2ᵉ partie.

où s'est fait entendre cette parole : « *Ecce venio* : Me voici, je viens. » C'était un enfant qui naissait dans une étable, et cet enfant s'appelait le Fils du Très-Haut. D'un bond gigantesque, le Verbe divin a franchi des espaces infinis ; il ne reste plus à l'humanité que quelques pas à faire pour aller à sa rencontre. Le céleste visiteur tient à cette visite. Il y convie les bergers, par la voix des anges, les rois, par l'apparition d'une étoile miraculeuse. L'humanité tout entière, représentée par les grands et les petits, vient adorer sa majesté anéantie, et Bethléem devient le type du mystère d'amour qui nous donne un Dieu pour hôte, et la règle du premier de nos devoirs eucharistiques.

Mais les rois et les bergers n'entreront qu'une fois dans l'étable, car l'enfant divin va bientôt disparaître : l'hôte de nos tabernacles demeure éternellement. Quelle miséricordieuse bonté ! Quelle amoureuse condescendance dans sa visite sacramentelle ! Il ne se partage pas entre le ciel et la terre : il est toujours et tout entier dans le lieu de passage où les générations humaines peuvent venir, l'une après l'autre, jouir de son adorable présence.

Mais cette présence est voilée, et notre courte sagesse aurait peut-être mieux aimé moins de mystère. Puisque le Verbe divin avait résolu de prolonger sa visite jusqu'à la fin des siècles, pourquoi ne se montre-t-il pas à nous sous sa forme naturelle? S'il ne peut, sous cette forme, résider en plusieurs lieux à la fois, pourquoi ne partage-t-il pas ses faveurs entre le ciel et la terre? Il lui était si facile de continuer avec l'humanité chrétienne le commerce sacré qu'il avait commencé avec ses apôtres, après la résurrection! Alors, nous aurions véritablement joui de ses manifestations et compris sa visite. Mais il se cache, et notre foi inquiète est condamnée à lutter laborieusement contre le témoignage des sens et les révoltes de la raison. Pourquoi nous obliger ainsi à croire sans rien voir, et ne donner pour rendez-vous à la visite de ses adorateurs qu'un sacrement dans lequel ils ne peuvent, sans effort, constater la présence du Dieu à qui ils viennent rendre leurs hommages?

Ces questions indiscrètes vous les avez probablement faites plus d'une fois, Messieurs. Je les ferais avec vous, si je n'avais appris à l'école des savants et des saints que l'Eucharistie, sacrement d'amour infini, est aussi un sacrement de sagesse infinie.

Vous voudriez voir Jésus-Christ sous sa forme naturelle ? Eh bien, permettez-moi de vous dire que vous ne savez pas ce que vous demandez. La forme naturelle du Christ ressuscité n'est plus ce doux et charmant visage d'enfant qui souriait aux bergers et aux rois ; plus cette grave et candide figure d'adolescent où Marie et Joseph contemplaient le rayonnement toujours croissant de la sagesse éternelle ; plus cette noble et sainte face, en laquelle la majesté divine était si bien ménagée qu'elle n'effrayait personne, et dont les traits exprimaient, si spontanément, si premièrement, la bonté, la tendresse, la compassion, la miséricorde, qu'elle inspirait aux petits, aux malheureux et aux pécheurs une amoureuse confiance. La forme naturelle du Christ ressuscité, c'est une humanité glorieuse, en laquelle se manifestent toutes les perfections de la divinité, et dont les plus grands saints ne s'approchent qu'avec crainte et tremblement, même lorsqu'elle tempère l'éclat de sa gloire pour se montrer. Ah ! si je ne voyais en vous qu'innocence et pureté, je comprendrais, peut-être, votre désir ; mais, pécheurs comme vous l'êtes, si souvent souillés par des fautes graves, toujours flétris par une multitude d'imperfections, comment oseriez-vous affronter la présence de ce visage auguste sur lequel vous liriez l'indignation et la colère, le feu de ce regard profond qui pénétrerait vos âmes et vous reprocherait, dans sa lumière, toutes vos misères volontaires, toutes vos indignités? Voir Jésus-Christ sous sa forme naturelle ! — Mais, dès que vous le sentiriez approcher, vous fuiriez pour lui dérober la vue de votre conscience troublée, et, au lieu de vous épancher en son sein, comme dans le sein d'un ami, vous vous écrieriez avec les anciens Israélites : « Non, non, que Dieu ne se montre pas, que Dieu ne nous parle pas, de peur que nous ne mourrions [1]. »

Et puis, Messieurs, fussions-nous les plus saints des hommes, Jésus-Christ sous sa forme naturelle, soumis à la loi du lieu, ne pourrait faire auprès de chacun de nous que des apparitions. Nous le verrions un instant, et, pendant

---

1. Non loquatur nobis Dominus, ne forte moriamur. (Exod., cap. xx, 19.)

Morte moriemur, quia vidimus Deum. (Judic., cap. xiii, 22.)

11

que, les bras tendus vers lui, nous lui dirions comme Madeleine : « Rabboni ! mon bon Maître ! » il disparaîtrait. S'il nous était donné de le posséder un peu plus longtemps, chaque minute qui s'écoulerait deviendrait, peut-être, un tourment pour notre âme imparfaite, tant nous aurions peur de voir s'évanouir notre douce vision. En tout cas, cette vision passagère rendrait plus cruel le chagrin de l'absence.

Finalement, nous n'avons aucun droit, en cette vie de voyage, aux visions qui béatifient l'âme humaine, tandis que ceux qui sont arrivés au terme ne peuvent être privés un seul instant du bonheur dont Dieu leur a promis l'éternité. La vision du Sauveur glorifié faisant partie de ce bonheur, il faut qu'il reste dans les cieux. Ses apparitions terrestres seraient un larcin fait à la béatitude de ses élus.

Evidemment, Messieurs, nous ne savons pas ce que nous demandons, lorsque nous exprimons le désir de voir Jésus-Christ sous sa forme naturelle. Connaissant mieux que nous les exigences du ciel et les aspirations de notre infirme nature, il a choisi l'état qui pouvait le mieux contenter son amour et nous satisfaire, sans blesser aucun droit. Sous le voile du sacrement, il cache son humanité glorieuse, trop redoutable à notre faiblesse ; il nous voit, il nous entend, il reçoit de près nos hommages, et nous ne sommes point écrasés sous le poids de sa majesté. La forme qui le tient enchaîné lui permet d'accomplir à la lettre la parole qu'il a mise jadis dans la bouche du Sage : *Deliciæ meæ, esse cum filiis hominum* [1] : Mes délices sont d'être au milieu des enfants des hommes. »

Il est donc au milieu de nous, il nous visite ; non par de mystérieuses privautés qui pourraient froisser la susceptibilité et exciter la jalousie de ses imparfaits enfants, mais par un acte public qui le met à la disposition de tous. Quand un roi visite les provinces de son empire et daigne montrer à ses peuples sa glorieuse personne, il se rend à la maison commune, à ce palais dont chacun peut dire : c'est à moi, parce qu'il est à tout le monde, et il est bien entendu que tout le monde est participant de l'honneur fait à la cité et que chaque citoyen reçoit personnellement la visite de son souverain. Aussi s'empresse-t-on de lui

____

1. Prov., cap. VIII, 31.

rendre cette visite. Si la foule ne peut pénétrer jusqu'aux lieux plus intimes où il reçoit les notables, elle s'entasse sous les portiques, dans les cours et dans les rues, impatiente et joyeuse, répondant par de bruyantes acclamations au salut lointain que lui envoie l'auguste visiteur. Ainsi fait le Roi bien-aimé de nos âmes. C'est dans la maison commune, dans le palais de tout le monde, qu'on appelle l'église, qu'il visite sa chère humanité. Plus puissant et plus généreux que les monarques de la terre, il prolonge sans fin l'acte gracieux qui le met à la disposition de tous les chrétiens.

N'est-il pas évident, Messieurs, que le devoir nous appelle auprès de lui? L'Église, de temps en temps, nous impose d'autorité l'accomplissement de ce devoir. J'aime à croire que vous répondez fidèlement à ses convocations officielles des dimanches et des fêtes. A la rigueur, cela suffit pour que vous ne soyez pas accusés d'ingratitude et d'injustice; mais je ne crains pas d'affirmer que vous seriez indélicats, pour ne pas dire mal élevés, si vous vous contentiez d'obtempérer aux ordres de l'Église, et de ne faire que des visites obligées au divin Roi qui vient habiter parmi vous. Ce n'est point l'intérêt égoïste de sa gloire, mais l'amour, qui l'amène en nos tabernacles ; c'est l'amour qui doit vous amener près de lui. Or, l'amour a ses lois, auxquelles les cœurs bien nés se font un devoir d'obéir, et la loi d'amour me paraît exiger ici que vous veniez, aussi souvent qu'il vous est possible, rendre vos hommages à Jésus-Christ dans l'Eucharistie, puisque c'est par amour qu'il y est fixé. Venez donc, adorez et prosternez-vous devant votre Dieu : « *Venite adoremus et procidamus ante Deum.* » Quand vous passeriez votre vie tout en tière devant son tabernacle, il vous serait impossible d'égaler vos hommages à l'acte d'amoureuse condescendance qui rapproche de vous une si haute majesté.

Mais, dans cette majesté, je vois un maître libéral, un ami généreux, qui ne nous invite à venir près de lui que pour nous faire du bien. Sa merveilleuse bonté fait du devoir un besoin. Consi dérons la visite au Saint-Sacrement à ce second point de vue, Messieurs, peut-être en comprendrons-nous mieux l'importance.

II

Dans la vie sociale, l'échange de nos visites n'a point pour but unique de satisfaire aux convenances et aux lois du savoir-vivre, il favorise, pour notre agrément et notre utilité, l'échange des bons offices. Bien que nous ne gagnions pas toujours à nous fréquenter les uns les autres et que l'auteur de l'*Imitation* ait pu dire : « Chaque fois que j'ai été parmi les hommes, j'en suis revenu moins homme, » il est certain cependant que nous ne sommes point obligés de contrarier à outrance nôtre penchant à nous visiter. Si nous sommes sages, nous profiterons de nos relations naturelles pour nous éclairer sur les besoins de notre vie spirituelle.

Outre les visites de pure convenance et de savoir vivre, dont je viens de parler tout à l'heure, les visites que nous faisons dans le monde sont de trois sortes : visites de curiosité, visites d'affaires, visites d'amitié.

Et d'abord : visites de curiosité. Il ne s'agit point ici, vous le comprenez bien, de cette avidité malsaine ou puérile qui court à la recherche des nouvelles scandaleuses ou des frivolités mondaines. Laissons cela aux femmes inoccupées qui cultivent l'art de tuer le temps. Mais on peut avoir le légitime désir de goûter les charmes d'une conversation spirituelle et brillante, mieux encore, de s'instruire auprès d'une âme cultivée qui sait ouvrir le trésor de ses connaissances et fixer l'attention sur les choses sérieuses. Toutefois, ces choses sérieuses, si elles ne sortent pas des sphères explorées par la science humaine, ne sont que d'un médiocre intérêt pour une âme chrétienne, en comparaison des vérités sublimes que Dieu peut lui apprendre. Le Psalmiste disait bien : « Fils de l'homme, pourquoi votre cœur appesanti aime-t-il la vanité, et cherche-t-il le mensonge? *Filii hominum, usquoque gravi corde ; ut quid diligitis vanitatem, et quæritis mendacium?* C'est vers le Saint de Dieu qu'il faut tourner vos regards, car le Seigneur l'a rempli de merveilles : *Scitote quoniam mirificavit Dominus sanctum suum* [1]. » Or, Messieurs, le Saint de Dieu c'est son Fils, plus merveilleux dans le Sacrement de son amour que partout où votre foi le cherche et

____

1. Psalm., IV.

l'adore. Allez le visiter au lieu où il vous attend, demandez lui de vous faire goûter les charmes de cette conversation intime qui se fait entendre à l'âme humaine sans bruit de paroles ; il vous introduira dans un monde lumineux où brillent des pléiades de vérités que la science humaine ne peut pas nous révéler. Car, sachez le bien, l'Eucharistie est la somme des dogmes sacrés dont se nourrit la foi chrétienne. L'être infini de Dieu, ses perfections, sa vie, les prodiges de son action providentielle, l'incarnation, la rédemption, la source des grâces, les délices du ciel, tout est là. Un quart d'heure d'attention à la voix discrète du mystérieux docteur qui parle au fond du tabernacle, un quart d'heure de contemplation, devant le mémorial des merveilles divines, vous en apprendront plus que la lecture des plus savants ouvrages et que la conversation des hommes les plus instruits. Ce n'est pas mon propre sentiment que j'exprime ici, mais celui de toutes les âmes pieuses dont la principale école fut la visite au Sacrement de l'autel.

Dans un ordre plus pratique, nous faisons des visites d'affaires. Que de pas et de démarches, soit pour recouvrer notre bien, soit pour débattre nos intérêts ! Lorsqu'une difficulté se présente, que de consultations auprès des hommes expérimentés et des légistes ! Si notre santé est en souffrance, que de gémissantes importunités près des médecins ! Notre pauvre vie en est agitée jusqu'au trouble. C'est bien le cas de dire avec le Sauveur : « *Martha, Martha, turbaris erga plurima* : Marthe, Marthe, tu te troubles pour bien des choses : une seule est nécessaire : *Porro unum est necessarium* [1]. »

Vous connaissez, Messieurs, cette chose uniquement nécessaire : la grande affaire de notre salut. Avec qui pourrons-nous mieux la traiter qu'avec le Sauveur lui-même ? Il est notre divin avocat, dit l'Apôtre ; il connaît, mieux que qui que ce soit, l'importance et l'état de notre cause, et il est tout-puissant près du juge suprême qui doit l'instruire définitivement et prononcer en dernier ressort. Allez frapper à la porte du cabinet mystérieux où il attend ses clients, et demandez-lui ses conseils. Il parlera à votre âme recueillie, et, prosternés devant lui, vous l'entendrez mieux que dans les agitations de la vie

---

1. Luc., cap. x, 41.

mondaine. Il vous rappellera ce grave avertissement de l'Evangile : « Que sert à l'homme de gagner l'univers, s'il vient à perdre son âme [1] ? » Il vous montrera les plaies spirituelles qu'il faut guérir, les inclinations, les défauts et les vices qui peuvent compromettre votre salut, le chemin que vous devez suivre, les occasions qu'il faut fuir, les difficultés dont il faut triompher. Il vous dira : « Courage, mon fils, le royaume des cieux souffre violence [2] ; » il vous inspirera de généreuses résolutions ; il vous promettra sa grâce ; il prendra en main votre grande affaire, et, avant de vous séparer de lui, vous entendrez au fond de votre âme, tout à l'heure inquiète et tourmentée, cette douce et consolante parole : « *Confide, fili, fides tua te salvum fecit* : Aie confiance, mon fils, ta foi t'a sauvé. »

Enfin, Messieurs, nous visitons nos amis, soit pour resserrer, dans des conversations intimes, les liens d'affection qui nous unissent à eux ; soit pour épancher, dans leur cœur bienveillant, notre

---

1. Quid prodest homini, si mundum universum lucretur, animæ vero detrimentum patiatur? (Matth., cap. XVI, 26.)

2. Regnum cœlorum vim patitur, et violenti rapiunt illud. (Ibid., cap. XI, 12.)

cœur endolori ; soit pour les consoler dans leurs peines ; soit pour recommander, à leur protection et à leurs bons offices, ceux auxquels notre cœur s'intéresse. Mais, dites-moi, est-il un ami plus fidèle, plus bienveillant, plus affligé, plus libéral et plus puissant que le Dieu de nos tabernacles? Et n'avons-nous pas besoin de nous rapprocher de lui, mille fois plus que des hommes qui nous sont les plus chers ?

En ces endroits discrets où l'amitié se fait intime, on se regarde, on se parle, on se sonde, on se révèle l'un à l'autre. « Heureux amis, dit un de nos poëtes :

Soyez-vous l'un à l'autre un monde toujours beau,
Toujours divers, toujours nouveau :
Tenez-vous lieu de tout, comptez pour rien le reste [1]. »

Hélas ! le petit monde qu'on appelle le cœur humain est bien vite exploré. Tout ce qu'il peut demander à un autre cœur, c'est de ne pas s'ennuyer dans l'étroit espace où il s'efforce de le retenir. Quant à tenir lieu de tout, il n'y doit pas songer. Mais le cœur du divin ami, qui nous appelle dans l'Eucharistie, est plus vaste que tous

----

1. La Fontaine, *Fables*, liv. IX, fab. 2.

les mondes ensemble. Chaque visite qu'on lui fait est un voyage d'exploration où l'on découvre des fidélités, des tendresses, des ardeurs, des perfections inconnues. Lui seul peut nous offrir une intimité qui ne lasse jamais, et il n'y a qu'auprès de lui qu'on peut compter le reste pour rien.

Voulons-nous être consolés? Nos amis de la terre ne peuvent prendre pour eux tout le fardeau de nos douleurs. Après que leurs compatissantes paroles ont apaisé notre âme, il nous faut encore recourir au céleste ami du tabernacle. Lui nous promet, non pas un soulagement passager, mais un entier réconfort. « Venez, dit-il, venez à moi, vous tous qui êtes accablés sous le poids de votre peine, et je vous soulagerai [1]. » Oh! qu'il fait bon gémir à ses pieds. L'âme qu'il console n'a plus besoin des stériles encouragements d'une affection humaine, elle se relève, et prend congé de lui, fortifiée et soutenue par l'espérance des récompenses éternelles, promises en échange des douleurs qu'il aide à supporter.

Et, lui-même, n'est-il pas digne de nos plus

1. Venite ad me omnes, qui laboratis, et onerati estis, et ego reficiam vos. (Matth., cap. XI, 28.)

affectueuses condoléances ? Nous avons pitié de
l'affliction de ceux qui nous sont chers, et nous
allons les trouver dans la solitude où ils pleurent,
pour offrir à leurs souffrances les compensations
de notre amour dévoué. Sont-ils humiliés par
l'adversité ou offensés dans leur honneur, nous
leur prodiguons les témoignages de notre estime.
C'est une grande joie pour eux de sentir que le
malheur ne leur a point attiré l'abandon. Or,
Messieurs, si tel est le besoin de nos cœurs vis-
à-vis des hommes, il ne se peut pas que nous
soyons insensibles aux humiliations et aux tristesses de notre Dieu. C'est pour s'approcher de
nous qu'il s'est anéanti sous les espèces eucharistiques, et livré, en cet état, aux mépris des
incrédules, aux blasphèmes des impies, aux profanations des sacrilèges. Quel mauvais cœur
nous aurions, si nous n'éprouvions le besoin
de le remercier amoureusement de ses abaissements ; le besoin de lui dire que nous en com-
prenons l'admirable économie, qu'il nous semble
d'autant plus grand qu'il est plus humilié, d'autant plus digne de gloire qu'il est plus outragé,
d'autant plus aimable qu'il ne se défend pas
contre l'audace des profanateurs ; le besoin de

convoquer dans une ardente prière toutes les créatures du ciel et de la terre, et de chanter avec elles : O le plus beau, le plus grand, le meilleur, le plus parfait, le plus saint des amis, soyez consolé de tout ce qui vous offense, par l'hommage de notre profonde vénération et l'assurance de notre éternel amour !

Mais, quoi que nous fassions, nous aurons toujours à recevoir de lui plus que nous ne lui donnerons. Nous pouvons, Messieurs, prétendre avec nos amis à l'égalité des bons offices. S'ils rendent service à ceux que nous leur avons recommandés, un jour ils viendront nous trouver pour que nous les payions de retour. Entre nous et notre magnifique ami de l'Eucharistie, impossible d'établir .a balance des bons offices, nous restons les obligés de son infinie libéralité. Le tabernacle est un inépuisable trésor où il nous invite à venir prendre toutes les grâces dont nous avons besoin, un lit de justice et d'amour où nous pouvons aller présenter avec confiance toutes nos requêtes. Il ne nous est point défendu de recourir à la bonne volonté et à l'influence de ceux qui nous aiment d'amour naturel ; mais nous serons assurément mieux servis, si, avant d'exploiter les hommes, nous allons faire nos recommandations au divin ami qui nous appelle et qui nous attend en son Sacrement. Dans aucune de nos visites nous ne serons déçus par son absence; jamais il ne nous dira : Je ne puis pas. Inutile de lui apporter de références et de faire la biographie de ceux à qui nous voulons l'intéresser, inutile de lui expliquer longuement l'objet de nos demandes. Parents, amis, justes, pécheurs, il connait tout le monde, et, si nous le prions bien, il est prêt à accorder à tout le monde les bienfaits et les grâces que nous implorons de sa bonté : le pain aux pauvres, la santé aux malades, la consolation aux affligés, l'assistance à tous les malheureux, la lumière aux ignorants et aux égarés, la force aux faibles, la paix aux âmes troublées, le pardon aux coupables, la vie de la grâce aux pécheurs. Nous revenons souvent d'auprès de nos amis le cœur navré par un refus ou par leur impuissance ; jamais nous ne reviendrons sans espoir d'une visite au Saint-Sacrement, si nous avons prié, avec un confiant amour, l'ami tout-puissant qui ne s'est approché de nous que pour nous faire du bien.

O Jésus, amoureux visiteur de l'humanité,

vous nous avez prévenus et vous nous attendez ! Puisque le devoir et le besoin nous appellent auprès de vous, on devrait voir les temples où vous résidez envahis, chaque jour, par une foule empressée de satisfaire aux convenances chrétiennes et de profiter de vos bienfaits. Mais, hélas ! c'est à peine si l'on obéit aux convocations officielles de l'Église. Dans les villes populeuses, quelques rares passants viennent, de temps en temps, saluer l'Eucharistie ; ailleurs, on ne rencontre guère que des temples déserts. Le matin, un prêtre, en compagnie d'un enfant, célèbre une messe à laquelle personne n'assiste. En une heure, tout est fini, et vous restez seul, ô mon Dieu, tout seul, pendant les longues heures du jour et de la nuit. Une lampe, souvent mal entretenue, agite devant vous sa flamme tremblante. Voilà tout l'hommage des populations chrétiennes, qui devraient s'anéantir à vos pieds dans une perpétuelle adoration.

Un jour, Messieurs, j'entrai dans une église de village, et, en m'agenouillant sur les marches du sanctuaire, je me sentis navré par la pensée du cruel et honteux abandon auquel est condamné Celui qui nous a tant aimés. Le temps venait en aide à ma profonde tristesse. Tout était froid et sombre autour de moi. Au dehors, le ciel pleurait, le vent gémissait à travers les portes mal jointes et faisait trembler les vitres mal affermies. C'était un ensemble de bruits sinistres, et, à travers ces bruits, je crus entendre sortir du tabernacle un cri plaintif, cri semblable à celui qui s'échappa de la poitrine du Sauveur mourant sur la croix : « Mon peuple, mon peuple, pourquoi m'avez-vous abandonné? *Ut quid dereliquisti me?* » Je me mis à pleurer, et je me demandai pourquoi Jésus reste au milieu de nous quand nous faisons autour de lui la solitude : solitude plus longue, plus lugubre, plus désolée, que celle de Gethsémani. Dans le fait, il aurait droit de nous quitter, puisque nous l'abandonnons ; et j'avais peur d'entendre ses anges lui dire, comme autrefois à la porte du Saint des saints : « Sortons d'ici ! sortons d'ici ! »

Mais je me rassurai en pensant qu'il y a toujours, quelque part, des âmes religieuses qui compensent, par leurs continuelles adorations, les longs oublis des populations chrétiennes. Ce sont les prêtres, les moines et les vierges, dont les offices se succèdent sans interruption dans

l'Église universelle ; ce sont les généreux chrétiens qui ont pris pour devise cette invitation de
l'Église : « *Venite adoremus et procidamus ante
Deum,* » et qui s'imposent, tour à tour, la noble
charge de représenter l'humanité devant Celui
qui l'honore de sa perpétuelle présence. Toutes
les heures du jour sont occupées ; la nuit, elle-
même, est envahie par les pieux relais de l'adoration : la nuit, silencieux repos de la nature
endormie, plus propice que le jour au recueillement, la nuit, ombre aimée du crime et de l'orgie
qu'il faut expier, la nuit, hantée par la souffrance
qu'il faut soulager, la nuit, temps favorable aux
exploits de l'esprit de ténèbres dont il faut déjouer
les ruses et les tentatives.

Honneur à ceux d'entre vous, Messieurs, qui
se sont enrôlés dans la sainte armée de l'adoration perpétuelle! Honneur et merci! puisque leurs
hommages retiennent ici-bas Celui que notre
abandon devrait chasser. Ce me serait une grande
joie, si je vous voyais tous prendre rang dans les
bataillons sacrés des visiteurs et adorateurs du
très Saint-Sacrement. Mais, si vous n'avez ni
le temps ni le courage de consacrer de longues
heures à la visite du tabernacle, prenez, au moins,

la résolution d'accomplir votre devoir, et de ne pas étouffer dans vos cœurs chrétiens la voix des mystérieux besoins qui vous appellent auprès de Notre-Seigneur. Soyez invariablement fidèles aux convocations de l'Église. Quand vous passez près d'un temple, entrez-y quelques instants pour rendre hommage au divin prisonnier de l'amour. Si vous demeurez, pendant quelques mois, dans les campagnes où Jésus est abandonné, rendez-lui chaque jour une visite pour le consoler de sa solitude. En tout temps, orientez votre cœur vers l'autel où Jésus réside, et soyez présents, par le désir, là où vous ne pouvez pas être présents de corps. Enfin, ne méritez pas, par vos indifférences et vos oublis, qu'on vous dise : « Il y a quelqu'un parmi vous, un Dieu, que vous ne connaissez pas : *Medius stetit vestrum, quem vos nescitis* [1]. »

1. Joan., cap. i, 26.

DEUXIÈME INSTRUCTION

LE DEVOIR DE LA COMMUNION

Messieurs,

Le divin maître et ami de nos âmes, du fond du tabernacle où il réside perpétuellement, appelle à lui tous ceux qu'il est venu visiter. « *Venite ad me omnes*, dit-il : Venez tous à moi. » Il est moins avide des hommages que nous devons à son infinie majesté que désireux do nous faire du bien, en nous ouvrant le trésor de ses révélations, en nous offrant les conseils de sa sagesse, les douceurs de son intimité, les encouragements, les consolations et les offices de son amour. Mais, entre toutes les visites qu'il réclame de nous, il en est une plus familière et plus intime, en laquelle il veut nous mettre en possession du plus grand de tous les biens : de lui-même. Les amis qui nous invitent à leur table rompent avec nous leur pain, et croient nous donner, dans ce partage, le signe le plus expressif de leur affection. Manger le pain de l'hospitalité, chez certains peuples, c'est devenir sacré. Misérable signe, pourtant, si je le compare à l'ineffable sacrement par lequel Jésus-Christ est, à la fois, notre hôte et notre nourriture.

Je vous ai expliqué, Messieurs, les fonctions et les effets de ce sacrement dans notre vie spirituelle [1], et vous avez dû comprendre que c'était pour nous, non seulement un honneur et une joie, mais un devoir de communier, devoir si doux aux âmes pieuses et tendres qu'il devient pour elles un besoin et que l'on est obligé quelquefois, par respect pour le sacrement, de contenir leurs désirs indiscrets. Ce n'est point ici mon cas. « Les hommes, » dit un vieux prédicateur plein de bon sens et d'originalité, « les hommes ont plus besoin d'éperon que de bride en cette ma-

1. Cf. *Exposition du dogme catholique.* Soixante et onzième conférence : *La Communion.*

tière [1]. » Va donc pour l'éperon. Il entre dans les
âmes indolentes et paresseuses, sous la forme
d'une loi, dont je vais vous expliquer, aujour-
d'hui, la lettre et l'esprit.

I

Lorsque le divin Sauveur, en nous offrant le
pain qu'il vient de changer en son corps, nous dit :
« *Accipite et comedite :* Prenez et mangez, » il ne
nous adresse point une simple invitation que
nous puissions refuser, sans courir d'autre risque
que de manquer aux convenances chrétiennes ;
c'est un ordre auquel il faut obéir. Jésus-Christ
fait de la manducation de sa chair la loi de notre
vie spirituelle, loi confirmée par un serment,
sanctionnée par la peine de mort. Car, entendez-
le bien, ces deux mots : « Prenez et mangez, »
ne sont que le corollaire de ces paroles bien
autrement solennelles et expressives : « En vérité,
en vérité, je vous le dis, si vous ne mangez la
chair du Fils de l'homme, vous n'aurez point la
vie en vous : *Amen, amen, dico vobis, nisi mandu-*

___

1. P. Lejeune. *Panégyriques de l'Eucharistie.*

caveritis carnem Filii hominis,... non habebitis vitam in vobis. — Qui mange ma chair... a la vie éternelle, je le ressusciterai au dernier jour : *Qui manducat meam carnem... habet vitam æternam, et ego resuscitabo eum in novissimo die*[1]. »

Voilà qui est clair : La communion est un devoir de l'accomplissement duquel dépend notre résurrection et notre vie éternelle. Mais, quand faut-il accomplir ce devoir? Quand faut-il manger la chair du Fils de l'homme? — Jésus-Christ n'a fixé ni le jour ni l'heure de ce repas sacré ; mais les fidèles de la primitive Église crurent deviner, dans la nature même du sacrement, les intentions du divin Maître, et firent de l'Eucharistie leur pain quotidien. Le grand combat des persécutions allait commencer, il fallait prendre des forces. La communion était pour tous la conclusion obligée des saints mystères. On emportait chez soi le corps du Sauveur, et les plus humbles chrétiens se communiaient eux-mêmes, pour entretenir l'héroïque courage dont ils avaient besoin en ces temps de surprises et de violences. Des diacres, des acolythes, des femmes,

1. Joan., cap. VI, 54, 55.

des enfants même, portaient en secret l'Eucharistie aux prisonniers et aux malades, afin que tout le monde fût muni de la même vigueur, dans les mêmes périls, et que l'union de l'Église, dans la même vie divine, fût d'autant plus étroite et plus ferme qu'elle était plus menacée.

Ce fut la belle époque des banquets eucharistiques. Peu à peu, le relâchement s'introduisit dans l'assemblée des saints. Comment cela, Messieurs? — Il serait trop long de vous le dire [1]. Je ne veux point m'attarder à une question historique, au détriment de la question pratique qui vous intéresse. Toujours est-il que l'appétit sacré de la communion devint languissant, à ce point que l'Église se vit contrainte de fixer un *minimum* de communions obligatoires. Elle avait déjà décrété que ceux qui ne communieraient pas aux grandes fêtes de Noël, de Pâques et de la Pentecôte ne seraient plus considérés comme catholiques [2], mais la lâcheté de ses enfants l'obligea

---

1. Cf. L'intéressant ouvrage du P. Dalgairns. *La Communion : Histoire de la Communion.*

2. Sæculares, qui Natale Domini, Pascha, et Pentecostes non communicaverint, catholici non credantur, nec inter catholicos habeantur. (Concil. Agath., an. 506, can. 18.)

à restreindre encore ses exigences, et le célèbre canon du quatrième concile de Latran, que vous connaissez tous, ne demanda plus aux fidèles que la communion pascale, sous les terribles peines de l'excommunication et de la privation de sépulture ecclésiastique [1]. Cette loi, confirmée par le concile de Trente [2], nous régit encore, et je viens vous demander comment vous l'observez.

Bientôt, me dites-vous, nous donnerons à cette question une éloquente réponse, dans la communion générale où nous viendrons, en foule, rendre nos hommages à Jésus-Christ et lui demander, en sa chair adorable, le remède de nos infirmités

1. Omnis utriusque sexus fidelis, postquam ad annos discretionis pervenerit, omnia sua solus peccata confiteatur fideliter, saltem semel in anno, proprio sacerdoti, et injunctam sibi pœnitentiam studeat pro viribus adimplere, suscipiens reverenter, ad minus in Pascha, eucharistiæ sacramentum : nisi forte de consilio proprii sacerdotis, ob aliquam rationabilem causam ad tempus duxerit abstinendum ; alioquin et vivens ab ingressu ecclesiæ arceatur, et moriens christiana careat sepultura. (Can. 2, an. 1215.)

2. Si quis negaverit omnes, et singulos christianos utriusque sexus, cum ad annos discretionis pervenerint, teneri singulis annis, saltem in Paschate, ad communicandum, juxta præceptum sanctæ matris Ecclesiæ; anathema sit. (Sess., XII, can. 9.)

spirituelles, le renouvellement des forces qui doivent affermir notre vie chrétienne, et le joyeux élan dont notre âme a besoin, pour marcher allègrement dans la voie des œuvres saintes qui conduisent à la vie éternelle. C'est vrai, Messieurs, et je vous en remercie. Depuis que j'ai l'honneur de vous parler, je suis consolé, chaque année, par le magnifique spectacle du grand festin eucharistique dont vous êtes, pour la plupart, les fidèles convives. Mais, de tous ceux qui m'écoutent aujourd'hui, un certain nombre, je le sais, manqueront au rendez-vous et ce ne sera pas la première fois. Qu'il me soit permis de leur demander compte du jeûne criminel qui, depuis longtemps peut-être, allanguit et déshonore leur vie, où se conservent encore des habitudes chrétiennes.

Prétexteront-ils leur indignité, en regard d'un sacrement si vénérable et si saint ? Je ne le crois pas. Nous ne sommes plus au temps où, sous prétexte de réagir contre les abus de la *fréquente*, on se privait des communions nécessaires. Les rigueurs jansénistes ne nous imposent plus l'obligation d'un pur amour, tellement impossible qu'on finissait par en faire son deuil et par s'af-

franchir résolument du devoir [1]. S'il se rencontre
parmi vous quelques âmes qu'un respect exagéré
éloigne de la communion, ce n'est pas un discours
qui les convertira, mais, bien plutôt, une affec-
tueuse et ferme direction. D'habitude, c'est pour
d'autres raisons que le respect et l'indignité que
l'on contrevient au commandement du Sauveur
et à la loi de l'Église.

Mais, encore, pour quelles raisons? — Si vous
me dites que vous n'avez pas la foi, je vous de-
manderai de quel genre est votre incrédulité.
Est-ce une opposition formelle et décidée de votre
raison au mystère eucharistique? Croyez-vous,
franchement, que ce mystère est impossible, et
qu'il est absurde de supposer que Dieu, pour
s'approcher de nous, contrarie et bouleverse les
lois qu'il a établies? Etes-vous rationalistes? —
Non; car vous n'auriez pas conservé les habitudes
chrétiennes qui vous amènent encore parmi
nous, et donnent à votre vie un caractère religieux qui répugne à la libre-pensée. Vous savez,
tout aussi bien que moi, que refuser à Dieu le
droit d'imposer à notre foi des mystères et le pou-

1. Cf. *Exposition du dogme catholique : Index* de la
soixante et onzième conférence.

voir de faire des miracles, si étonnants qu'ils soient, c'est remettre en question toute la religion à laquelle vous restez attachés au fond de l'âme, malgré les irrégularités de votre conduite. — Croyez-vous qu'il faille interpréter autrement que nous les paroles par lesquelles Jésus-Christ a institué le sacrement de l'Eucharistie, et vous plaît-il de ne voir qu'un symbole, là où nous adorons une divine réalité? Etes-vous sacramentaires? — Mais, alors, pourquoi rester dans une Église dont vous outragez les croyances, et ne pas aller demander l'hospitalité aux sectes dont vous partagez les erreurs? Et puis, fussiez-vous sacramentaires, vous n'échapperiez pas au commandement du Sauveur qui vous ordonne de manger sa chair, ne serait-ce qu'en figure, pour vivre éternellement. — Etes-vous tourmentés par le doute, et, sans donner votre assentiment à l'erreur, suspendez-vous votre adhésion aux vérités eucharistisques? — Mais, pressés, comme vous l'êtes, par une loi positive qui vous oblige d'agir, vous ne pouvez pas rester en cet état. Il y a pour vous nécessité urgente de vous éclairer et de vous mettre le plus tôt possible en mesure d'obéir.

Messieurs, n'allons pas chercher si loin les causes qui vous éloignent de la communion. Vous n'êtes ni rationalistes, ni sacramentaires, ni tourmentés par un doute positif ; vous êtes et voulez être toujours catholiques et croyants. Cependant, il est vrai que vous n'avez plus la foi : je veux dire cette foi franche, vive, résolue, qui se met en face de la vérité, la contemple, la goûte, et se tient prête à en subir toutes les conséquences pratiques. Jésus n'a point disparu pour vous du sacrement où il réside, mais vous n'osez plus le regarder ; il ne cesse pas de vous inviter à venir à lui, mais vous fermez obstinément l'oreille à sa voix ; l'Église ne vous paraît pas trop exigeante lorsqu'elle vous commande de vous approcher de la sainte table, mais vous esquivez ses ordres. Les années qui se suivent ne font que prolonger vos délais, et diminuer en vous l'appétit sacré que devrait aiguillonner votre foi. Il y a dix, quinze, vingt ans, que vous n'avez rempli votre devoir pascal. — Pourquoi cela? — Je vais vous le dire ; ou, plutôt, laissons parler Celui dont l'Église interprète auprès de vous les saintes volontés.

Un jour, Jésus dit à ses disciples cette parabole :

« Un homme fit un grand souper auquel il invita beaucoup de monde. Et, quand l'heure du souper fut arrivée, il envoya son serviteur dire aux invités : Venez, tout est prêt. Mais tous, de concert, commencèrent à s'excuser. L'un dit : J'ai acheté une maison de campagne, il est nécessaire que j'aille la voir ; je vous en prie, excusez-moi. L'autre dit : J'ai acheté cinq paires de bœufs, il faut que je les essaye ; agréez mes excuses. Un troisième répondit au serviteur : J'ai pris femme, dites à votre maître que je ne puis venir [1]. »

Cette parabole, Messieurs, est d'une facile application. Vous reconnaissez en Jésus-Christ le maître de maison, le père de famille qui prépare un festin. Son festin est grand : *Cœnam magnam*. Grand, à cause de la dignité de celui qui invite : c'est plus qu'un roi, c'est un Dieu ; grand, par le nombre des convives : c'est tout le genre humain qu'on appelle ; grand, par les mets qu'on y sert : c'est une chair divine, un sang divin ; grand, par les effets qu'il produit : il nous unit intimement à Jésus-Christ et nous fait vivre de lui. Le serviteur qui porte les invitations du maître, c'est

1. Luc., cap. xiv, 16-20.

l'Église dont je viens de rappeler la loi ; les invités, c'est vous, et, parmi vous, ceux à qui je demande présentement compte de leur abstention.

J'ai écarté, tout à l'heure, les prétextes d'indignité et de manque de foi ; il ne reste plus que
les raisons indélicates et peu honorables dont il
est fait mention dans l'Evangile. Examinons-les :

« *Villam emi* : J'ai acheté une maison de campagne. » C'est le désir de l'agrandissement, l'ambition. On pourrait vivre tranquille et estimé
dans une position modeste, mais on se croit
digne d'être quelqu'un ; on aspire à prendre rang
parmi ceux qu'on remarque ; on veut arriver,
coûte que coûte, à une position élevée, d'où l'on
puisse contempler à ses pieds le commun des
mortels. On s'en préoccupe, on en rêve, on s'a-
gite, on intrigue ; on se condamne à des bassesses,
à des apostasies de principes, à des compromis-
sions immorales, pour mendier un bout de galon
ou une petite part d'autorité. On écrase ses com-
pétiteurs par des coups malhonnêtes, on envie
ceux qui réussissent, on hait ceux qui supplan-
tent. Si l'on a la chance de réussir soi-même, on
ne se sent jamais arrivé. Allez donc dire à l'am-
bitieux : « Dieu vous a préparé un grand festin :

venez, tout est prêt. » Est-ce qu'il a le temps de se déranger du festin de son orgueil? Est-ce qu'il ne sait pas que, pour s'approcher de la table sainte, il faut renoncer à ses rêves, étouffer les trop violents désirs qui le tourmentent, calmer l'agitation malsaine qui trouble sa vie, abjurer ses envies et ses haines, s'arrêter, enfin, dans le chemin qu'il a pris pour aller voir jusqu'où le conduira sa bonne fortune? Excusez-le, mon Dieu : *habe excusatum;* pour cesser de vous offenser, le pauvre homme n'a pas encore tout ce qu'il lui faut.

« *Juga boum quinque emi :* J'ai acheté cinq paires de bœufs. » C'est la préoccupation et l'agitation des affaires. Certes, Dieu ne nous défend pas de cultiver raisonnablement nos intérêts temporels ; mais combien se laissent prendre à cette glu, qui embarrasse et finit par paralyser tous les mouvements de notre vie spirituelle ! On devrait se contenter du nécessaire, selon la position que la Providence nous a faite; on veut avoir jusqu'à l'abondance et, s'il se peut, jusqu'à l'excès. On use, pour cela, ses facultés et ses forces dans un travail opiniâtre qui éteint l'appétit des choses divines. « *Omnia parata sunt :* Le festin du

Christ est prêt ; » mais l'âme surmenée n'a ni le temps de s'y préparer, ni le goût d'y prendre part. Combien plus elle y répugne, lorsque la fièvre des affaires l'a entraînée à des spéculations louches et à des manœuvres déloyales ; lorsqu'il faut désavouer la ruse et le mensonge, et réparer les torts que l'on a faits au prochain pour s'enrichir. Les invitations du père de famille ont beau être pressantes, on s'excuse sans fin. Mais les préoccupations, les fatigues, les accablements qu'on invoque pour s'excuser ne peuvent tromper que les hommes. Dieu sait à quoi s'en tenir sur la moralité des causes qui éloignent de son banquet les gens d'affaires et les manieurs d'argent.

« *Uxorem duxi :* J'ai pris femme. » Figurativement, cela représente l'attachement passionné de l'âme aux objets qui deviennent comme la moitié d'elle-même ; sorte de mariage qu'il faudrait dissoudre par un généreux divorce, et que la nécessité de notre union avec Dieu ne peut nous décider à rompre. C'est un bien mal acquis dont on ne veut pas se dessaisir ; c'est une propriété légitime que l'on possède avec une damnable avarice ; c'est une place lucrative où l'on reste, bien que la conscience y soit maltraitée ; ce sont les plaisirs mondains dont on veut jouir jusqu'à l'enivrement. — « *Uxorem duxi :* J'ai pris femme. » Littéralement, vous savez ce que cela signifie, Messieurs ; combien est tyrannique l'empire de la passion et de quel inextricable réseau elle nous enveloppe, lorsqu'on a pris la femme qu'il ne faut pas ; et, lorsqu'on a pris la femme qu'il faut, par quels exécrables calculs on trahit la Providence, par quelles jouissances égoïstes on outrage les saintes lois du mariage. *Intelligenti pauca :* Vous êtes intelligents ; je n'en dirai pas davantage sur ce point délicat. Vous comprenez, tout aussi bien que moi, pourquoi ceux qu'on invite au festin eucharistique, après avoir dit : « J'ai pris femme », ajoutent aussitôt : « donc, je ne pourrai pas venir : *ideo non possum venire.* »

Et, maintenant, je reviens à mes abstentionnistes. S'ils sont sincères avec eux-mêmes, ils reconnaîtront que le maître qui les invite au divin banquet de sa chair et de son sang a prévu de loin, et révélé à l'avance, les causes de leur absence. Est-il possible que de misérables considérations d'orgueil, d'intérêt et de jouissance, tiennent ainsi en échec l'immense amour qui nous offre le plus grand des biens? Et, quand vous n'y renonceriez pas d'une manière absolue, Messieurs, qui vous donne le droit d'espérer qu'un jour il vous sera permis d'accepter l'invitation du père de famille et de vous asseoir à sa table ? Chrétiens lâches et ingrats, que les prévenances du Sauveur et la loi de l'Église ne peuvent décider au devoir, avez-vous donc oublié que celui-là même qui a prévu vos tristes excuses a lancé contre vous une menace terrible ? Vous refusez son banquet, soit ; les convives n'y manqueront pas. « Allez », dit le père de famille irrité à son serviteur, « allez sur les places publiques et dans les rues de la ville, et faites venir ici les pauvres, les infirmes, les aveugles et les boiteux. — Seigneur, tout ce que vous avez commandé est fait, dit le serviteur, et il reste encore de la place. — Eh bien, allez dans les chemins et le long des haies, et forcez les gens d'entrer, afin que ma maison se remplisse [1]. »

C'est-à-dire, Messieurs, que vous, qui avez reçu une éducation chrétienne, vous, qui avez l'intelligence et la conscience du devoir, vous qui chaque année êtes pressés de l'accomplir

1. Luc., cap. xiv, 21-23.

par la voix de l'Église, de ses ministres, de vos
femmes, de vos enfants, de vos amis, vous qui
êtes les privilégiés de l'amour de Dieu, vous
serez supplantés par une foule de malheureux
auxquels il transportera tout à coup les grâces
dont vous avez abusé jusqu'ici. Des ignorants,
des abandonnés, des barbares, des sauvages,
vous remplaceront au festin du Roi des rois.
Vous comptez peut-être revenir, l'année pro-
chaine ou un peu plus tard, sur votre refus ? Eh
bien ! écoutez ce que dit le maître : — « *Nemo virorum illorum qui vocati sunt gustabit cœnam meam*[1] :
Aucun de ceux que j'ai invités ne goûtera mon
souper. » Il ne les repoussera pas, s'ils se présentent, mais il y a tout lieu de craindre qu'ils ne se
présentent pas. Comme le fait très bien remarquer un interprète de la parabole évangélique
que vous venez d'entendre : « La faute de ceux
qui s'éloignent volontairement de la sainte table
se tournera contre eux en châtiment. La privation de la manne céleste sera la première peine
de l'avoir méprisée ; peine d'autant plus terrible
qu'ils ne la sentiront pas. Pour avoir été insen-

1. Luc., cap. XIV, 24.

sibles à ses pressantes invitations, Dieu les frappera d'insensibilité. Ils perdront tous les biens dont l'Eucharistie est le principe fécond, et ils ne les regretteront pas. Ils n'auront point la vie en eux, et ils ne la désireront pas. Ils seront morts à la grâce divine, et ils ne s'en apercevront pas. Ils auront perdu tout droit au salut éternel, et ils ne s'en affligeront pas. Leur âme, dépourvue de l'aliment qui devait la soutenir, sera tombée dans une léthargie dont elle ne cherchera point à sortir, où, pour comble de malheur, elle se complaira, et dont elle ne sera retirée que par les convulsions du dernier moment [1]. »

Dans ce dernier moment, Messieurs, on peut encore se sauver en recevant le pain vivant, viatique du mystérieux passage de ce monde à l'éternité. Mais, en aurez-vous le temps ? Aurez-vous, même, la force de le désirer ? Je n'en sais rien. La colère et les menaces du père de famille me font craindre que vous n'arriviez, exténués par un jeûne criminel, aux portes du glorieux cénacle où Dieu nourrit de lui-même ses élus dans un éternel festin. Alors, vous comprendrez

1. La Luzerne : *Explication des Evangiles : Dimanche dans l'Octave du Très-Saint-Sacrement.*

que la communion est, ici-bas, la préparation et le gage de ce festin des cieux ; vous confesserez tristement que vous n'y avez aucun droit ; vous vous sentirez aussi incapables qu'indignes d'y prendre part ; et, contemplant d'un œil jaloux ceux qui y seront assis, vous pousserez, sans espoir, ce cri du prodigue : « Combien de mercenaires ont à la table de mon père du pain en abondance, et, moi, je meurs de faim ! *fame pereo* [1] ! » Et toujours vous mourrez de faim, et jamais une main miséricordieuse ne vous apportera une bouchée, une miette, du pain vivant que vous aurez méprisé.

Je vous en conjure, Messieurs, pour vous préserver de cette faim terrible et sans remède, rompez tout de suite le trop long jeûne qui vous allanguit et vous menace de mortelle léthargie. Obéissez à la loi de l'Église, et, si vous voulez être plus sûrs de prendre part au banquet des cieux, ne vous contentez pas de suivre la lettre de la loi, entrez dans son esprit.

1. Luc., cap. xv, 17.

II

Quand une loi ne fait valoir que des droits, quand elle n'a pour but que de circonscrire notre liberté et de limiter nos avantages, on peut ne tenir compte que de la lettre. Mais, lorsque le législateur ne nous impose une obligation que pour notre plus grand bien, il faut avoir égard à ses intentions, qui sont l'esprit de la loi.

Or, quelles sont les intentions de l'Église, lorsqu'elle prescrit à ses enfants la communion pascale? Est-ce de réglementer l'appétit des âmes pieuses, qui ont faim de l'Eucharistie et désirent s'approcher souvent de la sainte table, afin d'établir entre tous les fidèles une religieuse égalité? — Nullement, Messieurs. — L'Église, en usant du commandement, se propose de stimuler les âmes paresseuses, de les mettre en demeure de profiter d'un bienfait, de nous rappeler à tous que le Sauveur nous a ordonné de manger sa chair, de nous faire comprendre que la communion est une nécessité de notre vie chrétienne, d'établir, enfin, un *minimum* de réfection spirituelle dont on ne peut se passer sans compromettre gravement son salut. Mais elle ne préjuge ni des circonstances ni des états dans lesquels la communion peut devenir accidentellement obligatoire.

Que certaines âmes puissent se soutenir, pendant une année, par la vertu d'une communion faite à Pâques, je l'accorde. Si elles n'arrivent pas à une haute perfection, elles se maintiendront dans la ligne du devoir. J'ai vu cela, Messieurs ; des gens du peuple, des paysans, m'ouvrir d'année en année leurs âmes naïves, sans que j'y puisse découvrir autre chose que des fautes légères. Mais ces âmes étaient protégées par un milieu honnête, un tempérament tranquille, un régime sobre jusqu'à l'austérité, un rude labeur de chaque jour où se dépensait l'exubérance de la chair. Ce n'est malheureusement pas votre cas. Dans le milieu agité, frivole, corrompu, où vous vivez, par suite des excitations que vous subissez, si vous ne les recherchez pas, il doit se faire nécessairement dans votre vie chrétienne une déperdition plus prompte des forces acquises par la vertu du sacrement que vous recevez une fois l'an. Aussi qu'arrive-t-il ? — Que vos communions annuelles sont suivies de près par le retour de votre âme à ses mauvaises habitudes et à la mort du péché. Vous vous traînez pendant de longs mois dans cet état, l'aggravant par de nouvelles fautes, débilitant, comme à plaisir, votre tempérament spirituel, et le rendant incapable de recevoir de l'Eucharistie tout le réconfort dont il aurait besoin, lorsqu'à l'époque réglementaire vous vous approchez de la sainte table. Plaise à Dieu que votre affaiblissement n'aboutisse pas au dégoût du pain de vie et à l'impossibilité absolue d'en retirer aucune vertu !

Faudra-t-il, pour cela, accuser l'Église d'être complice de vos défaillances et des funestes accidents auxquels elles vous exposent, parce qu'elle n'a exigé de vous que la communion pascale ? — Ce serait aussi déraisonnable qu'injuste, Messieurs ; car l'Église vous enseigne que, là où sa loi n'a plus d'action directe, vous pouvez être saisis par une loi supérieure, qui vous oblige à prendre les moyens les plus propres à assurer votre salut ; l'Église vous enseigne que la communion est, par excellence, l'acte vital du chrétien ; l'Église vous enseigne que la force qui vous est communiquée dans l'Eucharistie, ayant la propriété de résister aux envahissements de la mort spirituelle, vous devez y recourir chaque fois qu'il est certain que vous ne pouvez pas conserver autrement la vie de la grâce ; l'Église vous enseigne qu'après avoir satisfait à la lettre de la loi, l'esprit de la loi demeure la règle de votre conduite. Donc, lorsque la vertu d'une communion s'épuise, il faut la renouveler ; donc, lorsqu'après l'accomplissement de votre devoir pascal, vous sentez se révolter les passions et revenir les tentations qui vous menacent de retour aux péchés contre lesquels vous vous êtes fortifiés en communiant, vous devez vous fortifier encore. Sans doute, par la prière, vous pouvez appeler Dieu à votre secours ; aux pieds de ses ministres, vous pouvez confesser vos faiblesses et vos tourments et recevoir de salutaires conseils ; mais combien le secours sera plus prompt et plus énergique, le conseil plus lumineux et plus efficace, si vous vous unissez à la toute-puissance et à l'infinie sagesse de votre Dieu, par la sainte Eucharistie. Combien les tentations seront plus vite et plus sûrement vaincues, si votre âme va boire à la source même de toute grâce et de toute vertu, si vous faites rentrer en maître dans votre cœur, troublé par les

suggestions du mortel ennemi de votre vie surnaturelle, le vainqueur du péché, de la mort et de
l'enfer. N'attendez donc pas des rechutes qui peuvent vous être fatales ; mais, fidèles à l'esprit de la
loi, lorsque la lettre n'a plus de force, accomplissez en vous la volonté du Sauveur, qui a fait de la
manducation de sa chair la condition de notre
vie. Et, quand bien même il vous arriverait de
choir avant que vous ayez pu vous munir du pain
des forts, ne retardez pas jusqu'au jour du festin
légal le renouvellement des grâces qui seules
empêcheront vos fautes de se multiplier, le démon
de vous tyranniser. Communiez, pour vous guérir,
de peur que l'invétération du péché ne rende
votre âme incurable. Il comprenait cela, notre
cher et illustre Père Lacordaire, lorsque, pressé
de retourner vers les âmes qu'il dirigeait, il répondait à ceux qui voulaient le retenir : « Vous
ne savez donc pas ce que c'est qu'une communion de moins dans la vie d'un jeune homme ? »
Une communion de moins, c'est peut-être le
triomphe d'une passion qui deviendra le cancer
dont une âme périra.

Bien loin de vouloir restreindre, par sa loi,
notre alimentation spirituelle, l'Église ne demande

qu'à la multiplier; ses intentions à cet égard sont manifestes. Elle les a exprimées dans ses premières constitutions et ses premiers synodes, qui faisaient un devoir aux fidèles de compléter par la communion la célébration des saints mystères [1], par la facilité avec laquelle elle mettait l'Eucharistie à leur disposition pendant les jours néfastes des grandes persécutions, par la voix de ses docteurs qui nous enseignent que l'Eucharistie est le vrai pain quotidien. « Si c'est le pain quotidien, dit saint Ambroise, pourquoi ne le manger qu'une fois l'an? Mangez quotidiennement ce qui peut chaque jour vous profiter [2]. » Enfin, dans le concile même où elle confirmait la lettre de la loi, l'Église nous en faisait connaître l'esprit, en émettant ce vœu : « *Optaret sacrosancta synodus ut in singulis missis fideles adstantes, non solum spiritali affectu, sed sacramentali etiam eucharistiæ perceptione communi-*

---

1. Dans les *Constitutions apostoliques*, un canon prononce des censures contre quiconque ne communie pas à la messe qu'il entend. Un concile d'Antioche, tenu sous le pape Jules, rend le même décret. (Dalgairns, op. cit.)

2. Quotidianus panis est ; cur illum post annum sumis ? accipe quotidie quod quotidie tibi prosit. (S. Amb., *De Sacramentis*, lib. **v.** cap. 4.)

carent[1] : Le saint concile désirerait que les fidèles qui assistent à la messe communiassent, non seulement en esprit et en désir, mais sacramentellement. »

Messieurs, j'ai la confiance que vous tiendrez compte des intentions de l'Église, et que, pour vous y conformer, vous voudrez communier chaque fois qu'il faudra vous préserver des péchés contre le retour desquels la communion annuelle est inefficace, et entretenir en vos âmes la vie de la grâce, sans laquelle le chrétien n'est qu'un être incomplet. Mais, plus souvent encore, vous communierez, si vous avez le noble désir du progrès spirituel et de la perfection. Le progrès spirituel, c'est l'augmentation de la vie de Dieu en nous; la perfection, c'est la surabondance de cette vie. Or, Jésus-Christ ne se donne à nous dans l'Eucharistie que pour que nous ayons la vie divine jusqu'à la surabondance : « *Ego veni ut vitam habeant, et abundantius habeant*[2]. » Que ceux d'entre vous qui ont horreur de la vulgarité dans le service de Dieu, qui se sentent disposés à

1. Conc. Trid., sess. XXII, cap. 6. *De missa in qua solus sacerdos communicat.*
2. Joan., cap. X, 10.

lui plaire par de grandes vertus et à entreprendre pour lui quelque grande œuvre, laissent végéter dans une vie molle et sensuelle les âmes indolentes que la perfection effraye, parce qu'elle exige des sacrifices; Jésus appelle à lui ces généreux et ces vaillants. Tous les jours, s'ils le veulent, ils peuvent se rendre à cette aimable invitation du Père de famille : « Venez, mes enfants, mangez mon pain, et buvez le vin que je vous ai préparé : *Venite, comedite panem meum, et bibite vinum quod miscui vobis* [1]. »

1. Prov., cap. IX, 5.

TROISIÈME INSTRUCTION

AVANT LA COMMUNION.

———

Messieurs,

L'Eucharistie étant le pain de l'âme chrétienne, il y a pour elle nécessité de manger ce
pain, si elle veut bénéficier des promesses de vie
et de résurrection faites par le Sauveur. Allan-
guie, exténuée, morte à la grâce, par suite du
jeûne criminel qui la priverait de sa divine nourriture, elle serait infailliblement condamnée à
l'éternelle faim qui torture les réprouvés. Nous
devons donc bénir l'Église de nous avoir mis, en
usant de son autorité souveraine, dans l'heureuse nécessité de rentrer, chaque année, en

14

nous-mêmes, de nous purifier de nos fautes, et de faire provision des forces spirituelles dont la vie chrétienne ne peut se passer. Combien de malheureux oublieraient de manger leur pain et finiraient par croupir dans une irrémédiable corruption, si l'Église, par une loi expresse, ne les mettait en demeure d'accomplir leur devoir.

Mais il en est de l'âme comme du corps. De trop rares réfections ne peuvent la rendre aussi forte ni aussi vaillante qu'il est besoin ; surtout lorsqu'elle est exposée à de fréquentes et copieuses déperditions de ses forces surnaturelles. C'est pourquoi, Messieurs, je vous ai engagés à ne pas vous en tenir à la lettre de la loi, mais à entrer dans son esprit, en multipliant vos communions autant que cela est nécessaire pour prévenir des rechutes, réparer promptement les défaillances de votre vie spirituelle, et vous munir de la divine surabondance de grâce que Jésus-Christ vous a promise, si vous avez le noble désir du progrès et de la perfection.

Dans l'ordre de la grâce, comme dans l'ordre de la nature, il faut manger pour vivre. Ce n'est pas nous qui avons inventé cette analogie, c'est Dieu même qui l'a créée. Poursuivons-en l'étude, et disons : Pour bien vivre, il faut bien manger ; c'est-à-dire : la réfection spirituelle, comme la réfection corporelle, est soumise à des conditions de vie et d'activité vitale qui en font un acte salutaire et nous en assurent le plus grand bénéfice.

Je vais m'expliquer sur ces conditions, et vous dire, aujourd'hui, dans quel état vous devez être et quelles dispositions vous devez avoir avant la communion.

I

Vous rapprocheriez en vain les mets les plus substantiels d'un corps inerte, vous en rempliriez en vain la bouche d'un cadavre ; la nourriture ne peut produire la vie là où elle n'existe pas, ni la faire renaître là où elle a cessé d'exister. Elle doit être prise, élaborée, assimilée par un organisme vivant, dit saint Thomas : « *Nutrimentum suscipere non est nisi viventis.* »

A cette loi, l'âme est soumise, aussi bien que le corps. Sa première préparation à la commu-

1. Summ. Theol., III P., quæst. 79, a. 3.

nion est donc de vivre surnaturellement, c'est-à-dire de posséder la grâce de Dieu qui doit s'accroître en elle par l'assimilation de l'aliment eucharistique. Si elle l'a perdue, il faut qu'elle la recouvre, non plus par l'acte générateur qui la lui a donnée une première fois, mais par l'acte réparateur et vivificateur auquel Jésus-Christ a attaché la vertu rédemptrice de son sang : la Pénitence. Demeurer dans le péché, c'est la mort, par conséquent, l'impuissance radicale de saisir et d'élaborer spirituellement la chair sacrée du Sauveur et de s'en approprier la divine vertu. La communion n'est plus que le passage inutile d'une vie opulente et féconde à travers un être sans fonctions et sans mouvement, dont elle ne peut réveiller la sinistre insensibilité.

Encore, si la communion n'était qu'inutile ! Ce serait un malheur ; mais ce malheur ne va pas sans un crime odieux, le sacrilège. On a dit de la communion indigne que c'était le plus horrible des forfaits que l'homme pût commettre. N'exagérons pas, Messieurs. L'exagération peut induire notre conscience en erreur sur la gravité de certaines fautes, et renverser l'ordre de la juste aversion que nous devons avoir pour le péché. Il

est plus criminel de s'attaquer directement à la
divinité que de s'attaquer à l'humanité de Jésus-
Christ, plus criminel de s'attaquer au corps naturel du Sauveur que de s'attaquer à son corps
sacramentel. Par conséquent, l'incrédulité positive, l'apostasie, le blasphème, les mauvais traite-
ments et la mort que les bourreaux du Christ
ont fait subir à sa chair adorable, doivent occuper
la première place dans la longue et lugubre liste
des prévarications humaines. Il n'en reste pas
moins vrai que, de tous les crimes qui ont pour
effet de profaner les choses sacrées, destinées à
sanctifier nos âmes, la communion indigne est le
plus odieux[1].

1. Quia divinitas Christi est major humanitate ipsius, et
ipsa humanitas est potior quam sacramenta humanitatis ;
inde est quod gravissima peccata sunt quæ committuntur in
ipsam divinitatem, sicut est peccatum infidelitatis, et blas-
phemiæ. Secundario autem sunt gravia peccata quæ committuntur in humanitatem Christi : unde dicitur : *Qui dixerit
verbum contra Filium hominis, remittetur ei; qui autem
dixerit verbum contra Spiritum Sanctum, non remittetur ei
neque in hoc sæculo, neque in futuro.* Tertio autem loco
sunt peccata quæ committuntur contra sacramenta, quæ per-
tinent ad humanitatem Christi ; et post hæc sunt alia peccata contra puras creaturas.

Peccatum indigne sumentium hoc sacramentum compa-
ratur peccato occidentium Christum, secundum similitu-

Le sacrilège outrage l'humanité du Christ, et son outrage retentit sur tout ce qu'il y a de grand et de saint ; il outrage avec une monstrueuse ingratitude ; il outrage avec une insigne lâcheté ; il outrage sans excuse ; il outrage, peut-être, sans rémission.

L'humanité du Christ, ce temple vivant, cet instrument sacré, personnellement uni à la divinité, si beau, si pur, et aujourd'hui si glorieux, le sacrilège lui fait subir le contact violent de son âme corrompue par le péché. Vous avez, sans doute, lu dans l'histoire le récit des supplices infligés jadis, par les caprices de certains tyrans, à des malheureux qu'on liait, tout vivants, à des cadavres en putréfaction. Quelque chose de semblable se passe dans l'âme des misérables qui communient indignement. Si le Christ n'était impassible, il souffrirait cruellement d'être condamné aux

dinem, quia utrumque committitur contra corpus Christi ; non tamen secundum criminis quantitatem. Peccatum enim occidentium Christum fuit multo gravius ; primo quidem quia illud peccatum fuit contra corpus Christi in specie propria ; hoc autem peccatum est contra corpus Christi in specie sacramenti : secundo quia illud peccatum processit ex intentione nocendi Christo, non autem hoc peccatum. (Summ. Theol., III P., quæst. 80, a. 5, c. et ad. 1.)

étreintes et aux baisers infects d'un mort ; mais combien plus de la fête abominable donnée aux démons par cet infâme hyménée. Ils ont établi leur demeure dans l'âme du pécheur, depuis qu'il a cédé à leurs suggestions, ils y règnent en maîtres. Chaque faute est pour eux une réjouissance, mais leur réjouissance suprême est qu'on leur livre le corps de Celui qui, en mourant, a écrasé leur superbe et détruit leur empire. S'ils ne peuvent lui nuire, comme aux jours de la passion, ils se félicitent entre eux de voir cette source de vie devenir un vase de mort pour le misérable qu'ils ont séduit et perverti. Quel outrage !

Et pour le Verbe divin qui voit son humanité sainte sans puissance et sans vertu, dans cette ténébreuse orgie, quel outrage !

Et pour le Père adorable qui nous a donné avec tant d'amour son propre Fils pour qu'il fît de nous les enfants de son éternelle délection, le voir devenir, en personne, la cause d'une éternelle réprobation, quel outrage !

Et pour l'Esprit-Saint qui a préparé et orné avec tant de soin et de complaisance le sanctuaire virginal où la chair sacrée du Sauveur devait prendre vie, la voir gisante dans un temple d'idoles, dans un lieu immonde, quel outrage!

Et pour la Vierge immaculée qui l'a portée avec tant d'honneur et de respect dans son chaste sein, la voir si indignement méprisée, si honteusement profanée, quel outrage!

Et pour l'Église du ciel, voir jeter aux chiens le pain vivant et éternel qui fait ses délices, quel outrage!

Et pour l'Église de la terre, croire qu'elle vivifie et sanctifie un des membres qui lui sont unis par la grâce, être trompée dans son amoureuse confiance et livrer elle-même aux profanateurs Celui qu'elle adore, quel outrage!

Oui, en communiant indignement, le sacrilège outrage, dans l'humanité du Christ, tout ce qu'il y a de grand et de saint; il outrage avec une monstrueuse ingratitude. Non seulement il oublie, comme tous les pécheurs qui vont à l'endurcissement, les nombreux et inestimables bienfaits de Celui dont il profane le sacrement : les humiliations et la mort qu'un Dieu a endurées pour son salut, sa vocation à la foi, la régénération de son âme par le baptême, la patience avec laquelle ses fautes ont été supportées, les occasions propices et les moyens faciles qui lui furent offerts pour s'en purifier, mais il semble multiplier, à plaisir, la forfaiture, comme pour se montrer plus ingrat. C'est à l'heure même où la majesté suprême fait preuve à son égard d'une plus grande condescendance qu'il viole les saintes lois de l'hospitalité ; c'est dans l'acte même où Dieu lui témoigne le plus grand amour qu'il devient plus criminel ; c'est ce qui devrait le sanctifier davantage qu'il fait concourir à son jugement et à sa condamnation.

Ingrat, il outrage avec une insigne lâcheté. Les bandits qui pillent les églises et violent les tabernacles ont parfois des délicatesses : ils respectent les hosties, et n'emportent que les vases sacrés qui témoignent contre eux. Lui s'en prend à l'hostie même, et il sait que l'hostie ne dira rien. L'amoureuse impuissance de son Dieu l'enhardit ; ennemi, il vient en ami ; mêlé à la foule des fidèles et couvert du masque de la piété, comme Judas, il trahit par un baiser. Personne ne connaît son indignité ; il exploite cette ignorance, sachant bien du reste que le prêtre qui serait au courant du secret de sa conscience n'oserait pas, ne pourrait pas lui refuser ce qu'il demande. Il abuse donc de la confiance et de la discrétion de l'Église pour lui voler son plus cher trésor, et il s'en va, sûr de l'impunité du côté des hommes.

Qui le pousse à cette lâche trahison? L'orgueilleux est attiré par le faux éclat des honneurs et pressé par le besoin d'être grand; l'avare cède à la fascination des richesses; le mondain subit l'ensorcellement des bagatelles qui trompent sa légèreté; le vindicatif est tourmenté par le souvenir des offenses vraies ou imaginaires qui ont allumé sa haine; l'intempérant obéit aux besoins factices qu'a créés en lui l'habitude de se satisfaire plus que de raison; le voluptueux ne peut résister aux tendresses de son cœur ni à la chaleur de son sang; tous s'excusent sur la fatalité des circonstances, la violence des tentations, l'entraînement, l'ardeur, l'impétuosité des passions. Le sacrilège est sans excuse. Si la loi de l'Église lui fait un devoir de communier, il doit savoir qu'on ne satisfait pas à cette loi par un acte pervers, et que l'obéissance, en l'état où il est, devient plus criminelle que l'abstention. En s'abstenant, le pécheur est coupable, sans doute; mais, au moins, il peut s'excuser sur son indignité, et il se peut que l'horreur qu'il éprouve en présence de la profanation des choses saintes devienne le salutaire principe de son repentir et de sa conversion. En communiant indignement, il franchit la limite fatale au-delà de laquelle l'outrage, sans excuse, sera peut-être sans rémission.

L'Ecriture, Messieurs, nous dit à ce sujet des choses terribles. Vous y avez lu, je n'en doute pas, l'histoire du premier profanateur de l'Eucharistie. A peine il a commis son crime que Satan s'empare de son âme : « *Introivit in eum Satanas* [1] ; » et, bientôt, incapable de convertir son remords en pénitence, d'une main scélérate il ouvre lui-même à sa vie maudite les portes de la mort éternelle. « Le sacrilège, dit saint Paul, mange et boit son propre jugement : *Judicium sibi manducat et bibit* [2]. » Inutile de le déférer au tribunal des hommes, le juge de toutes les justices siège, en personne, dans son âme indigne, et la sentence qu'il y prononce se mesure sur l'amour immense qu'il lui a témoigné, en se livrant à lui sans réserve. Non seulement le sacrilège refuse toutes les bénédictions, il en profane

1. Joan., cap. XIII, 27.
2. I Cor., cap. XI, 29.

la source même ; peut-il attendre autre chose qu'une malédiction ? Cette malédiction pesait lourdement sur l'Église de Corinthe où l'Apôtre prêchait le respect de l'Eucharistie, et nous l'entendons se plaindre des maladies, des langueurs, des morts subites qui désolaient sa chère chrétienté : « *Ideo inter vos multi infirmi et imbecilles, et dormiunt multi* [1]. » Mais l'infirmité, l'imbécillité, le lourd sommeil de l'âme sacrilège, sont bien autrement terribles que les châtiments corporels. En outrageant Dieu dans le plus grand acte de son amour, le pécheur s'est mis, en quelque sorte, à l'écart de ces miséricordieuses prévenances qui, parfois, remuent si profondément les âmes coupables; il est abandonné à lui-même et n'a plus, pour se contenir, le respect des choses saintes qu'il a foulées aux pieds. Sa première profanation est comme le premier meurtre dans la vie d'un assassin. Parce qu'elle demeure secrète et impunie, il s'enhardit à la renouveler, et s'endurcit contre tout remords. Ses passions et ses vices se mettent d'autant plus à l'aise qu'ils sont couverts, aux yeux des hommes, par le voile

1. I Cor., cap. xi, 30.

de la religion. Le reste de foi qu'il conserve dans ses prévarications lui fait espérer qu'un jour, peut-être, il ne sait pas quand, il lui sera possible de mettre fin à ses crimes ; mais, présentement, paralysé par son imbécillité spirituelle, il a peur de les faire connaître à ceux qui pourraient les lui pardonner. Le démon s'empare de cette peur, et l'accroît à mesure que les profanations se multiplient. A l'heure suprême, si la justice divine ne livre pas le sacrilège aux surprises de la mort, Satan fermera la bouche de ce misérable, jusqu'à ce qu'il tombe désespéré entre les bras du juge qui l'a déjà condamné autant de fois qu'il a reçu de lui le baiser de trahison.

Souvent, Messieurs, le drame du sacrilège est moins long et plus promptement décisif. Du premier coup, l'âme méprise ce qu'elle a profané, et son mépris rayonne sur l'ensemble des vérités divines qui se rattachent à l'Eucharistie. Toutes les lumières de la foi s'éteignent subitement en elle, et, n'y voyant plus clair, elle s'endort lourdement dans la nuit de l'incrédulité. Que l'on cherche bien dans la vie d'une foule de mécréants qui se vantent d'avoir réformé, par la grâce de la raison et de la science, ce qu'ils appellent « les préjugés d'une première éducation », je ne serais pas surpris qu'on rencontrât, à l'origine de cette réforme, une communion indigne. « *Ideo inter vos multi infirmi et imbecilles, et dormiunt multi.* »

Je ne voudrais pourtant pas vous laisser croire que le sacrilège est un crime irrémissible. La miséricorde infinie de Dieu peut et veut tout pardonner au repentir. Si Judas, au lieu de prendre le chemin du champ où il se pendit, eût pris le chemin du Calvaire et se fût prosterné au pied de la croix, Jésus lui eût dit encore : « *Amice*, mon ami! » et l'eût purifié dans son sang. Ne vous désespérez donc pas, pauvres âmes qui avez eu le malheur de communier indignement. Ne dites pas comme Caïn : « Mon crime est trop grand, pour que Dieu me le pardonne : *Major est iniquitas mea, quam ut veniam merear* [1] ; » mais dites, avec le Psalmiste : « Du profond abîme où je me suis plongé, je crie vers vous, Seigneur : écoutez ma misérable voix. Si vous vouliez approfondir mon iniquité, comment pourrais-je soutenir votre regard et porter le poids de votre justice? Mais près de vous on trouve toujours miséricorde, et, dans le pré=

____

1. Gen., cap. IV, 13.

cieux sang de celui que j'ai offensé, il y a une abondante rédemption [1]. » Sans doute, il faudra, pour toucher votre cœur sacrilège, une grande grâce de Dieu ; mais, s'il vous l'accorde, vous l'aimerez davantage. Sans doute, vous lui devrez bien des larmes et une austère pénitence, pour expier votre péché ; mais l'expression de votre reconnaissance sera à la hauteur du bienfait immense de votre réconciliation.

Vous vous étonnez, Messieurs, de me voir insister sur ce point de morale sacramentelle, et peut-être me reprochez-vous secrètement de n'être pas dans la note du temps. — Nous n'avons plus de raisons de consentir au sacrilège ; car l'absence de ceux que Dieu invite au banquet eucharistique n'est plus un délit que la justice humaine châtie, et l'Église elle-même semble avoir renoncé sur ce point à des sévices inutiles. Les lois et les mœurs modernes ont brisé les entraves de la crainte servile qui poussait jadis vers l'autel des milliers de profanateurs. Voyez comme l'indifférence religieuse, comme l'impiété elle-même, sont bien portées dans le monde. Le peuple leur

1. Psalm. CXXIX.

donne ses suffrages et les appelle aux honneurs du gouvernement, la haute société leur fait des politesses, et les académies les décorent de leurs palmes. S'il y a quelque crainte à avoir, ce n'est pas de se mêler à une majorité triomphante, mais bien de prendre rang, par la pratique du devoir pascal, dans une minorité méprisée. Ne nous attristez donc pas inutilement en nous peignant les horreurs d'un crime chimérique, et cessez de nous injurier en nous croyant capables de le commettre. Il n'y a plus aujourd'hui, autour de la sainte table, que des hommes sincères et courageux.

Si vous ajoutiez, Messieurs, qu'il n'y a plus que des hommes parfaitement sérieux et profondément pénétrés de la gravité de l'acte religieux qu'ils accomplissent en communiant, je serais de votre avis. Laissons de côté, j'y consens, les méprisables considérations de respect humain, de convenance et d'intérêt qui peuvent peser encore, quoi que vous en pensiez, sur certaines âmes faibles ou trop habiles, et ne nous occupons que des hommes sincères et courageux que vous croyez être.

Assurément, vous ne voudriez pas, de pro-

pos délibéré et par malice réfléchie, communier indignement ; mais, malgré cela, vos communions peuvent n'être pas exemptes du crime
de profanation, et vous donner à manger, selon
l'énergique expression de saint Paul, votre propre jugement et votre propre condamnation. Ce
n'est pas moi qui dis cela, Messieurs, c'est saint
Thomas et, avec lui, toute la théologie. La plupart
d'entre vous ne communient qu'une fois l'an.
Que se passe-t-il pendant les douze mois qui sé-
parent une pâque de l'autre pâque ? Hélas ! vous
ne le savez que trop ! Les exigences et les sollicitudes de la vie mondaine dévorent tous vos
instants. Mal instruits de vos devoirs, vous négligez de remplir les lacunes d'une éducation religieuse fort imparfaite, et souvent il vous arrive
de commettre des fautes notables dont vous
n'avez pas conscience, et que cependant il vous
serait on ne peut plus facile de connaître, si vous
preniez la peine de lire un examen dans le premier eucologe venu. Ou bien vos mauvaises habitudes, un instant apaisées, se remettent en mouvement, et les péchés reviennent prendre en votre
âme leur place accoutumée. A force de les commettre, vous n'y prenez plus garde et finissez par

vous aveugler sur leur gravité. Il y a telles indé-
licatesses dans les affaires, par exemple, telles privautés sensuelles et voluptueuses dans vos relations, telles transgressions des saintes lois du
mariage, telles suppressions des pratiques impor-
tantes ordonnées par l'Église, que vous ne consi-
dérez plus comme des fautes mortelles, et dont
vous ne songerez ni à vous accuser ni à vous repentir. Et vous croyez que Dieu sera aussi accom-
modant que vous sur cette ignorance volontaire
du droit et du devoir? Vous croyez que vous
pourrez venir vous asseoir à son banquet, comme
si vous étiez revêtu de la robe nuptiale? Non pas,
Messieurs. Votre ignorance est criminelle ; donc,
si vous communiez sans l'éclairer, votre communion sera indigne.

Admettons que vous n'êtes pas aveuglés par
l'ignorance volontaire. Vous connaissez vos
devoirs, vous avez conscience de la gravité de
vos péchés, lorsque vous les commettez, et vous
vous proposez de vous en purifier par la pénitence, quand vous vous serez mis en demeure
d'obéir à la loi de l'Église. — Que faites-vous
pour cela? — Avez-vous soin de calmer, quelque
temps à l'avance, l'agitation fiévreuse de votre

vic, de lire d'un œil attentif l'histoire intime des douze mois qui se sont écoulés depuis votre dernière pâque, d'entrer en discussion avec votre conscience, de lui reprocher ses prévarications, de vous rappeler autant que possible le nombre de vos péchés, d'en peser la gravité, de vous exciter au repentir, de prendre des résolutions? — Non, Messieurs. — La plupart du temps, vos âmes s'oublient, non dans des préoccupations sérieuses qui pourraient vous excuser, mais dans la dissipation et dans de frivoles amusements, et cela jusqu'à la dernière heure. Les jours de pénitence et de deuil spirituel dont l'Église fait précéder la pâque ne sont, pour vous, ni une leçon ni un avertissement, et, sous prétexte que vous ne pouvez pas vous soustraire aux exigences de la vie mondaine, vous ne faites trêve ni à la bonne chère ni au plaisir. La semaine sainte arrive, vous ne vous possédez pas encore. Ce n'est qu'à l'extrême limite d'une retraite dont vous avez suivi, tant bien que mal, les instructions, que vous songez à rentrer en vous-mêmes. Un examen superficiel, dans lequel vous négligez d'aider votre mémoire infidèle, un aveu hâtif, dans lequel vous oubliez la moitié ou les trois quarts de vos fautes, contentent votre légèreté. Une formule routinière, récitée du bout des lèvres, vous sert de contrition. Quant à prévenir, par le ferme propos, le péril des occasions et les retours du péché, vous n'y pensez pas. Bref, votre confession annuelle ressemble à la tâche d'un corvéable que l'on bâcle le plus vite et avec le moins de peine possible. Et cependant l'Apôtre a dit à ceux qui participent au sacrement de l'Eucharistie : « *Probet autem seipsum homo, et sic de pane illo edat :* Que l'homme s'éprouve, avant de manger de ce pain. » Croyez-vous donc que ce grave précepte n'a pas été fait pour vous? Et, si vous en tenez si peu de compte, comment pouvez-vous être en sûreté de conscience? Ne voyez-vous pas, hommes sincères et courageux, que vos communions, en cet état, ne sont que d'indécentes surprises, des saisies sacrilèges d'une chose sainte sur laquelle vous n'avez aucun droit [1] ?

1. Dicendum, quod hoc quod non habet aliquis conscientiam sui peccati, potest contingere dupliciter. Uno modo per culpam suam : vel quia per ignorantiam juris, quæ non excusat, reputat non esse peccatum quod est peccatum ; puta si aliquis fornicator reputaret simplicem fornicationem non esse peccatum mortale, vel quia negligens est in examinasuionei ipsius, contra id quod Apostolus dicit I Corinth., XI,

Assurément, votre faute, fruit d'une ignorance coupable, peut être moins grave que celle qui procède d'un mépris formel du Sacrement, après une pleine advertance au péché ; elle n'en est pas moins une odieuse profanation [1]. Encore une fois, Messieurs, il faut pouvoir dire d'abord, avec l'Apôtre : « *Vivo* : je vis », pour que l'on puisse ajouter, quand on reçoit la chair sacrée du Sauveur : « Ce n'est plus moi qui vis, c'est Jésus-Christ qui vit en moi : *Jam non ego vivo, vivit vero in me Christus.* »

28 : *Probet autem seipsum homo, et sic de pane illo edat, et de calice bibat.* Et sic nihilominus peccat peccator sumens corpus Christi, licet non habeat conscientiam peccati, quia ipsa ignorantia est ei peccatum. (Summ. Theol., III P., quæst. 80, a. 4, ad. 5.)

1. Per accidens unum peccatum est gravius alio ex parte peccantis : puta peccatum quod est ex ignorantia, vel infirmitate, est levius peccato quod est ex contemptu, vel ex certa scientia ; et eadem ratio est de aliis circumstantiis. Et secundum hoc, istud peccatum (sacrilegium), in quibusdam potest esse gravius, sicut in his qui ex actuali contemptu cum conscientia peccati ad hoc sacramentum accedunt. (Summ. Theol., III P., quæst. 80, a. 5.)

II

Recevoir la nourriture eucharistique dans une âme vivant de la vie de la grâce, c'est la première et indispensable condition requise pour que la communion ne nous soit pas mortellement dommageable; mais elle ne suffit pas à nous assurer le plus grand bénéfice de cet acte vital, si fécond en grâces de réconfort et de perfectionnement. Demandons encore une leçon à notre vie physique, dont les analogies nous ont si bien servi jusqu'à ce moment.

Non seulement l'alimentation corporelle doit se faire dans un organisme vivant, mais elle est défectueuse et incomplète, sans le concours de certaines conditions physiologiques qui en préparent le bienfaisant résultat. Un état fiévreux, par exemple, dû à de trop vives agitations, la pénible élaboration de matières indigestes, chargent l'estomac de saburres qui nuisent à ses fonctions. Pour que ces fonctions, ainsi que celles de tout l'appareil digestif, puissent s'accomplir normalement et au bénéfice de l'économie générale du corps humain, y renouveler la vie, y entretenir la santé, y accroître les forces, il faut que, dans un organisme reposé et purifié, les acides et les ferments, bien équilibrés entre eux, et procédant méthodiquement, mêlent ensemble, amollissent, liquéfient, émulsionnent, transforment les aliments, de la bouchée au bol alimentaire, du bol alimentaire au dernier liquide assimilable qui doit entrer dans le torrent circulatoire. Lorsque ces opérations sont bien faites, la vie se précipite, alerte et joyeuse, dans les vaisseaux qui la disbribuent à toutes les parties de notre corps, les fleurs de la santé s'épanouissent sur notre visage, et nos membres, pleins de vigueur, sont prêts à tous les exercices et à tous les travaux.

Je ne vous demande pas pardon de ces détails, Messieurs, bien qu'ils soient un peu matériels, car c'est la vive image des dispositions que vous devez apporter à l'alimentation de votre vie surnaturelle par la communion.

L'âme a, comme le corps, ses agitations violentes et ses états fiévreux. Les préoccupations excessives, les scandales, les frivolités et les sensualités de la vie extérieure, jouent, dans son organisme spirituel, le rôle de matières indigestes qu'elle ne peut absorber sans que les vaines pensées, les affections déréglées, les désirs indiscrets, produisent en elle une sorte d'état saburral qui la rend incapable de profiter comme il faut de sa divine alimentation. Le repos et le calme lui sont nécessaires, et une diète sagement ménagée doit la purifier des éléments malsains qui la fatiguent et gênent la sublime fonction de la vie chrétienne qui l'unit à son Dieu.

L'Église, Messieurs, avait en vue cette préparation de l'âme à la communion, lorsqu'elle institua la sainte quarantaine qui précède la Pâque. « Voici le temps favorable, dit-elle, voici les jours de salut : *Ecce nunc tempus acceptabile, ecce nunc dies salutis* [1]. » Un homme véritablement animé de l'esprit chrétien s'empresse de profiter de cette halte sacrée dont l'Église lui donne le signal, et, non content d'aspirer à la réviviscence de la grâce, s'il a eu le malheur de la perdre, il se prépare, par le repos, le recueillement et de salutaires privations, à l'élimination de tous les éléments impurs qui chargent son âme, et, par là, à la perfection du grand acte qu'il veut accom-

1. II Cor., cap. VI, 2.

plir. Est-ce ainsi que vous vous conduisez, Messieurs? Le carême est-il pour vous une époque d'apaisement et de purification? — J'ai bien peur que non. Je vous l'ai dit tout à l'heure, l'esprit mondain a envahi le saint temps de la pénitence, et, soit faiblesse, soit légèreté, la plupart de ceux qui ont conservé l'habitude de la communion annuelle se rendent complices de ses profanations. Mon devoir est de les rappeler à l'esprit de l'Église, et je l'accomplis présentement en les conjurant de rompre avec l'esprit du monde et de se proposer, pour l'avenir, une plus longue préparation. Pour cette année, le mal est fait, mais rien n'est perdu encore. Que ceux qui se sont oubliés profitent des jours qui nous restent jusqu'à ce que le Christ ressuscité nous admette à sa table. Ces jours deviendront, s'ils le veulent, des semaines et des mois, par l'intensité de leur ferveur, et ils pourront encore conduire à bien leur préparation d'apaisement et de purification.

Cette préparation terminée, nous approchons de la communion. C'est alors, Messieurs, qu'il faut mettre en œuvre les saintes énergies et les divins ferments qui saisissent la nourriture eucharistique, et travaillent à cette mystérieuse et sublime assimilation par laquelle nous entrons dans le Christ et vivons de sa vie.

C'est d'abord la foi, vive, ferme, vaillante, qui croit et confesse la vérité du mystère adorable par lequel Dieu vient à nous et entre dans nos âmes. La foi qui dit à Dieu : « Seigneur, dans quelles ténèbres profondes tu plonges la raison ; je l'entends murmurer et se plaindre, mais je ne l'écoute pas ; aide-moi à la faire taire : *Credo, Domine : adjuva incredulitatem meam*[1]. » La foi qui dit au Christ : « Tu es vraiment un Dieu caché, ô mon Sauveur : *Vere tu es Deus absconditus, Deus Salvator*[2] ; mais je te vois dans ta sainte parole, et je me tiens plus assuré de ta présence que si je te voyais des yeux de la chair. » La foi, enfin, qui est prête à mourir plutôt que de renoncer à croire aux miracles invisibles d'où jaillissent tant de bienfaits.

Perçant les voiles eucharistiques, la foi nous met en présence de l'infinie majesté de Dieu, l'humilité en présence de notre extrême bassesse. Comment l'âme chrétienne ne serait-elle pas con-

1. Marc., cap. IX, 23.
2. Isaï., cap. XLV, 15.

fondue, en considérant qu'un Dieu si grand et si parfait, un Dieu dont la pureté éblouit et fait trembler les anges daigne s'abaisser jusqu'à la misérable créature qui l'a tant de fois outragé? Elle s'humilie, et, désespérant de s'abaisser aussi profondément que son Dieu, elle proteste de son indignité : « Seigneur, je ne suis pas digne que vous entriez dans ma chétive demeure : *Domine, non sum dignus ut intres sub tectum meum* [1]. » Et, parce que Dieu veut entrer, elle fait appel à toutes les forces de son repentir, pour se purifier une dernière fois. La pénitence l'a lavée de ses fautes, elle veut se laver encore. Elle invoque « la grande miséricorde de son Dieu : *Miserere mei, Deus, secundum magnam misericordiam tuam;* » elle lui demande « une grâce suprême de pardon, de purification, d'assainissement : *Amplius lava me ab iniquitate mea, et a peccato meo munda me* [2]. »

Et, alors, elle prête tendrement l'oreille à ces douces paroles du Sauveur : « Ouvre-moi, ma chère petite sœur, ouvre-moi, car ma tête est pleine de rosée : *Aperi mihi, soror mea, quia caput*

---

1. Matth. cap. VIII, 8.
2. Psalm. L.

meum plenum est rore [1]. » Ma rosée, c'est la grâce qui va guérir tes infirmités, te reposer de tes fatigues, renouveler tes forces, noyer tes passions, rafraîchir tes vertus, et donner à ton amour un joyeux élan vers l'unique bien que doit convoiter l'âme chrétienne. « Ouvre-moi, ouvre-moi : *Aperi mihi.* » Et l'âme s'écrie : « Voici mon Dieu, je mets en lui toute ma confiance : *Ecce Deus meus, fiducialiter agam in eo* [2]. »

Elle l'aime, elle le désire, elle l'appelle, elle veut le posséder, non comme un hôte royal qui honore les lieux où il réside de sa passagère visite, non comme un ami dont on reçoit les caresses dans un quart d'heure d'intimité, mais comme une source de vie où l'on s'abreuve : « *Quemadmodum desiderat cervus ad fontes aquarum, ita desiderat anima mea ad te, Deus* [3]. »

Telle est, Messieurs, la dernière préparation de l'âme chrétienne aux approches de la communion, préparation si souvent amoindrie, pour ne pas dire annulée, par votre légèreté d'esprit, vos dis-

---

1. Cant., cap. v, 2.
2. Isaï., cap. xii, 2.
3. Psalm. xli.

tractions, vos égarements d'imagination. Et, cependant, toute l'efficacité de notre union sacramentelle avec Dieu dépend de nos dispositions. Je vous l'ai déjà dit : Dieu se donne sans réserve; c'est nous qui mesurons l'effusion de la grâce. Plus nous devenons vastes et profonds sous l'action de la foi, de l'humilité, du repentir, de l'espérance et des amoureux désirs, plus nous sommes assurés de recevoir cette mesure bonne, entassée, foulée, débordante, que le Sauveur a promise aux âmes généreuses [1].

Préparons-nous donc, comme se préparait aux communications divines le pieux roi David. Prosterné devant le Seigneur, il répandait à ses pieds ses gémissements et ses larmes, et il attendait avec une douloureuse anxiété le pardon de ses fautes, avec une sainte impatience ces visites intimes de l'Esprit divin qui firent de lui le plus délicieux chantre des perfections de Dieu et le plus grand des prophètes. « Mon cœur est prêt, disait-il, mon cœur est prêt : *Paratum cor meum, Deus, paratum cor meum.* Viens, Seigneur,

---

1. Mensuram bonam, et confertam, et coagitatam, et supereffluentem dabunt in sinum vestrum. (Luc., cap. vi, 38.)

couvre-moi du bouclier de ta miséricorde, répands en moi tes lumières, envoie-moi ton Esprit. Jour et nuit je t'implore. Viens, il est temps : mon cœur est prêt : *Paratum cor meum*[1]. » Et Dieu venait, répondant aux désirs de son serviteur par ces grâces privilégiées et ces communications discrètes qui lui faisaient dire : « Tes opérations sont admirables, ô mon Dieu ! et mon âme les connaît trop pour les oublier jamais : *Mirabilia opera tua, et anima mea cognoscit nimis*[2]. »

Messieurs, le Dieu que le Prophète appelait par les préparations de son cœur, c'est Celui qui doit bientôt visiter vos âmes. Mais quelle différence entre **ses** communications d'autrefois et ses communications d'aujourd'hui ! Il n'est plus séparé de ses dons, il ne s'épargne plus dans les largesses qu'il fait de lui-même ; mais il se livre tout entier à l'âme avide de le posséder, pour la faire vivre de sa vie. Puissiez-vous lui dire bientôt : « *Paratum cor meum, Deus, paratum cor meum.* » Si bien préparés que vous soyez, vous ne serez jamais dignes de le recevoir ;

1. Psalm. CVII.
2. Psalm. CXXXVIII.

cependant, lorsque vous aurez fait tout ce qui est en vous pour vous disposer à sa visite intime, son adorable bonté veut bien vous permettre de dire : « *Veni, Domine Jesu!* Viens, Seigneur Jésus! »

QUATRIÈME INSTRUCTION

APRÈS LA COMMUNION

Messieurs,

Vivifié par la grâce de Dieu, apaisé par le recueillement, purifié par une diète sacrée des éléments malsains qui chargent son âme et peuvent
nuire à l'exercice de ses fonctions nutritives,
préparé par la foi, l'humilité, le repentir, la confiance, l'amour, le désir, le chrétien s'approche
de la sainte table, et Dieu, fidèle à sa promesse,
se donne à lui. « Voici le corps du Christ, » lui
dit le prêtre en déposant l'hostie sur ses lèvres,
« qu'il garde ton âme pour la vie éternelle : *Corpus Domini nostri Jesu Christi custodiat animam*

tuam in vitam æternam. » Au toucher de la chair sacrée du Sauveur, les saintes énergies, les divins ferments que nous avons vus se disposer à l'action, entrent en fonctions ; le grand acte de la nutrition spirituelle commence.

Vous comprenez, Messieurs, que, s'il est préjudiciable à notre corps de troubler sa digestion, il ne doit pas être moins préjudiciable à notre âme de l'empêcher d'extraire du pain divin, qu'elle vient de recevoir, la vertu dont s'alimente et s'accroît en nous la vie surnaturelle. Avec moi, vous condamnez ces chrétiens légers et distraits qui, après avoir reçu Jésus-Christ, le traitent comme un hôte importun et semblent empressés de se débarrasser de lui par quelques courtes formules. On se demande s'il ne vaudrait pas mieux qu'ils fermassent les portes de leur âme, ouvertes par la routine plutôt que par la foi, l'espérance et l'amour. Certes, ils ont grand besoin d'être instruits et rappelés au devoir. Cependant, ce n'est pas pour eux seulement, mais pour tous ceux qui désirent assurer le fruit de leurs communions que je viens parler, aujourd'hui, du mystérieux travail de l'âme sur la nourriture eucharistique et de la sage con-

duite qu'elle doit tenir pour en conserver la
divine vertu. Tout cela est compris, dans le langage de la piété chrétienne, sous un vocable bien
connu : l'action de grâces. — Comment doit se
faire l'action de grâces après la communion ? —
Comment doit-elle se prolonger dans la vie chrétienne ? — Voilà, Messieurs, les deux questions
que je recommande ce soir à votre attention.

I

Faire peu de cas d'un grand bien, oublier ou
ne pas remercier du fond du cœur celui qui le
donne, cela répugne à nos bons instincts et à
notre conscience plus que mille autres bassesses,
vilenies et méchancetés. Le mépris et l'horreur
que nous éprouvons pour les ingrats ne peuvent
s'expliquer que par une loi de nature qui veut
que l'action de grâces soit la réplique du bienfait.
Dieu, du reste, confirme cette loi de nature en
nous manifestant expressément sa volonté à cet
égard, soit par les plaintes et les menaces dont
il poursuit les ingrats en maint endroit de l'Ecriture, soit par le commandement que nous donne

l'Apôtre en son nom : « Rendez grâces à Dieu pour toutes choses : *In omnibus gratias agite ; hæc est enim voluntas Dei in Christo* [1]. » Disons tout de suite que cette exigence de Dieu tourne à notre profit. Car, si c'est la loi que l'action de grâces soit la réplique du bienfait, c'est aussi la loi que le bienfaiteur se montre d'autant plus généreux et libéral qu'il est plus fréquemment et sincèrement remercié. La reconnaissance pousse aux bienfaits, comme l'ingratitude en tarit la source. « Remercier, écrivait un auteur païen, est le meilleur moyen de demander : *Efficacissimum genus est rogandi gratias agere* [2]. » Et, d'autre part, saint Bernard nous dit que l'ingratitude est « un vent brûlant, qui dessèche la rosée de la miséricorde et les torrents de la grâce : *Ventus urens, siccans rorem misericordiæ et fluenta gratiæ* [3]. »

La nature, Dieu, les hommes, le devoir et l'intérêt demandent l'action de grâces à quiconque reçoit un bienfait. Mais remarquez, Messieurs, que l'action de grâces est plus qu'un *merci* adressé, par notre cœur reconnaissant, à celui qui

1. I Thess., cap. v, 18.
2. Plin. jun., *in Panegyr. Trajan.*
3. Serm. III, *in Cant.*

nous fait du bien ; c'est tout un ensemble d'actes
saints par lesquels nous lui exprimons notre haute
et profonde estime pour sa personne et ses bienfaits, et notre sincère et ferme volonté de profiter
de ses dons. Ainsi entendue, l'action de grâces
s'applique à tous les bienfaits de Dieu : à la vie
qu'il nous a donnée, aux largesses quotidiennes
de sa providence, à notre vocation chrétienne et à
toutes les grâces qui en sont l'admirable complé-
ment. Combien plus à ce suprême bienfait qui
nous donne à exploiter la source même de tous
les biens. Le Psalmiste appelait l'Eucharistie,
qu'il entrevoyait dans la manne, « le mémorial
des merveilles divines [1] ; » nous pouvons l'appeler, nous, la somme des dons divins. Elle condense
et résume les vérités et les mystères que Dieu
propose à notre foi : la Trinité y est présente,
l'Incarnation s'y développe, la Rédemption y produit ses plus doux fruits ; l'Église, corps mystique
du Christ, y est plus parfaitement figurée et y
adhère plus intimement au principe même de
son unité. Elle est le gage de l'éternelle gloire
que nous devons espérer, et nous met en pos-

1. Memoriam fecit mirabilium suorum, misericors et mi-
serator Dominus ; escam dedit timentibus se. (Psal. cx.)

session de l'objet même de notre éternel amour. Dieu nous y prodigue ses tendresses, et nous y excite plus vivement à la perfection de la charité et des autres vertus. En un mot, elle nourrit de Dieu notre être divin. C'est bien le cas de dire avec l'Apôtre : « *Gratias Deo super inenarrabili dono ejus* : Rendons grâces à Dieu pour son iné-narrable don [1]. »

Oui, Messieurs, rendons grâces : devant le tabernacle où réside notre Dieu anéanti, près de l'autel où il s'immole ; mais, surtout, lorsque, pain des âmes, il vient de se donner à nous par la communion. En ce moment, l'action de grâces est une fonction vitale en même temps qu'un devoir de reconnaissance. C'est la digestion spi-rituelle d'un aliment divin.

Fermons donc les yeux, n'écoutons plus rien, et, tout entiers au mystère de notre union avec Jésus-Christ, jouissons, aussi pleinement qu'il est possible, de sa présence intime, pendant quelques instants d'un recueillement parfait, d'une complète immobilité, d'un profond silence. Le silence de la créature est la plus digne

---

1. II Cor., cap. ix, 15.

louange de la majesté divine. « Le silence se fit dans les cieux, dit le Voyant de l'Apocalypse, quand l'agneau ouvrit le septième sceau du livre mystérieux où sont écrites les destinées humaines[1]. » Taisons-nous donc; l'agneau est dans nos âmes, il va ouvrir tout à l'heure la source de ses grâces. Effaçons-nous, et adorons celui devant qui toutes les grandeurs du ciel et de la terre sont indignes de paraître. Disons-lui, par notre anéantissement, qu'il est seul grand, seul maître, seul digne de tout honneur et de toute gloire. Admirons sa puissance et sa bonté, dont il nous donne de si hautes preuves et de si touchants témoignages. Laissons-nous saisir, pénétrer et fondre par le feu de son amour; et, enfin, tourmentés par cette lave divine, ouvrons la bouche et chantons notre reconnaissance :

« *Magnificat anima mea Dominum :* Mon âme glorifie le Seigneur, et mon esprit tressaille et se réjouit en Dieu, son salut[2]. » C'est lui, c'est bien lui que je possède ; il est à moi et je suis à lui. J'étais moins qu'un serviteur dans sa maison; misérable esclave du péché, je la déshonorais par

1. Apoc., cap. VIII, 1.
2. Cf. Luc., cap. I, 46-55.

ma présence, mais il a eu pitié de mon indignité. « *Respexit humilitatem* ; » d'un regard il m'a relevé du coupable abaissement où je m'étais plongé, pour m'attirer à sa table sainte. Tout à l'heure je méritais des peines éternelles, et maintenant rien n'égale mon bonheur. « *Fecit mihi magna qui potens est :* Le Tout-Puissant a fait en moi de grandes choses. » Purifié par sa grâce, me voilà sanctifié par sa présence. Je suis son temple, son sanctuaire, son tabernacle vivant. Il avait écrit son saint nom dans mon âme par le baptême ; en ce moment, il me fait vivre de sa vie : ce n'est plus moi qui vis, c'est Jésus-Christ qui vit en moi. O miséricorde infinie ! « Vous avez visité les races craintives qui nous ont précédé dans la voie du salut : *Et misericordia ejus a progenie in progenies, timentibus eum ;* » vous les avez comblées de biens, mais à votre race choisie, à votre nation sainte, aux enfants de votre Christ, vous avez réservé le souverain bien dans l'Eucharistie. Il est à moi ce bien suprême. Que m'importent, ô mon Dieu, des honneurs que vous méprisez, des grandeurs que vous écrasez, des richesses qui ne laissent après elles que le vide ! Votre pain de vie « exalte les petits, et rassasie les affa-

més : *Exaltavit humiles, esurientes implevit bonis.* »
Ne suis-je pas assez grand, puisque vous daignez
unir ma bassesse à votre majesté infinie? N'ai-je
pas de quoi contenter l'inexorable faim d'être
heureux qui me tourmente, puisque je possède en moi l'auteur de tous les biens? Jésus,
mon doux Sauveur, Israël, l'enfant de Dieu,
pouvait se réjouir de voir s'accomplir en
vous les promesses faites à ses pères ; mais plus
grande est ma joie dans l'accomplissement de la
promesse que vous m'avez faite vous-même de
me donner votre chair adorable. « Mon âme, bénis
le Seigneur, et que tout ce qui est en moi chante
son nom sacré : *Benedic, anima mea, Domino : et
omnia, quæ intra me sunt, nomini sancto ejus* [1]. »

Mais que dis-je, Messieurs? Notre âme avec
toutes ses puissances et ses vertus, notre corps
avec toutes ses forces et ses merveilles, sont de
trop petites choses pour remercier Dieu comme
il mérite d'être remercié. Appelons à notre aide
toutes les créatures du ciel et de la terre, et orga-
nisons, avec elles, un concert spirituel autour de
l'Eucharistie : « *Benedicite, omnia opera Domini,*

1. Psalm. CII.

Domino [1] *:* Œuvres du Seigneur, bénissez-le, » car il a daigné s'abaisser vers le plus misérable et le plus indigne de ses ouvrages. Anges du ciel, bénissez le Seigneur, car il a partagé le pain de votre éternelle vie avec les mendiants de cette terre. Forces du monde, bénissez la force infinie qui saisit notre âme et nos vertus pour les grandir et les perfectionner. Brises et vents, bénissez le souffle propice qui vient prendre, ici-bas, notre fragile vie, pour l'emporter vers le ciel où elle sera à l'abri de toutes les tempêtes. Astres du firmament, bénissez le divin soleil qui nous illumine. Chaleur et frimas, bénissez le feu d'amour qui vient fondre la glace de nos cœurs. Eaux du ciel, rosées, pluies, fleuves, mers, bénissez la rosée céleste qui raffraîchit nos âmes allanguies, la fertile ondée qui féconde notre aride désert, le fleuve de grâces qui nous inonde, l'océan de perfection qui s'est rapetissé jusqu'aux proportions d'un vase étroit et fragile. Vivants de l'air, de la terre et des ondes, bénissez le grand vivant qui nous anime. Sainte Église, véritable Israël, bénissez celui qui, en se donnant à tous, fait de

---

1. Cf. Cant. *Benedicite*, in off. Laud. Dom.

vos membres un seul corps. Justes et saints,
bénissez la source de toute justice et de toute
sainteté. Et vous, reine du monde, modèle des
justes et des saints, admirable mère du Dieu que
je possède, vous qui l'avez porté avec tant de
respect et d'amour dans votre chaste sein, bénissez-le en moi, bénissez-le avec moi, bénissez-
le pour moi, et faites chanter, encore une fois, à
mon âme, l'hymne de votre reconnaissance :
« *Magnificat anima mea Dominum.* »

Messieurs, Dieu est remercié, mais notre action
de grâces n'est pas finie ; restons encore ; nous
avons à accomplir un grand acte de justice.

Dieu se contenterait des sentiments de notre
cœur et de nos ardentes paroles, si nous n'avions
rien à lui offrir en échange de ses dons ; mais, en
se livrant à nous, il nous oblige à une complète
donation de nous-mêmes. Pouvons-nous lui refuser aucun bien, quand il devient le nôtre ; et, si
misérable que soit notre apport dans cet échange,
ne faut-il pas qu'il s'accomplisse pour qu'il y ait
communion ? Nous devons donc dire, avec le Psalmiste : « *Quid retribuam Domino pro omnibus quæ
retribuit mihi* [1] ? Que rendrai-je au Seigneur pour

1. Psalm. cxv.

tout le bien qu'il m'a fait? » et chercher une offrande qui puisse plaire à Dieu.

Aucune offrande ne lui sera plus agréable que nous-mêmes, et nous ne pouvons pas moins faire que de nous donner à lui aussi libéralement qu'il se donne à nous. A lui donc notre esprit désormais appliqué à le connaître, à le voir en toutes choses, à marcher en sa présence, à se nourrir des célestes vérités qu'il nous a enseignées ; à lui notre volonté respectueusement soumise à ses commandements et aux commandements de son Église ; à lui notre liberté affranchie de l'esclavage du respect humain et des coupables servitudes de la vie mondaine ; à lui notre cœur toujours ouvert à son saint amour et toujours prêt aux largesses de la charité ; à lui notre corps et nos sens consacrés à son culte, à la manifestation de ses grâces, aux pratiques de la pénitence chrétienne, disposés à recevoir les croix qu'il plaira à la Providence de nous envoyer ; à lui tous nos biens extérieurs, humblement mis entre ses mains, généreusement dépensés à son service, destinés à faire de nous les imitateurs de sa miséricordieuse bonté ; à lui, enfin, tout ce que nous sommes et tout ce qui nous appartient, puisqu'il se donne à nous sans réserve. Ne nous contentons pas de lui dire : — Prenez; mais engageons-nous, par une promesse formelle, à ne jamais retirer notre offrande. Cette promesse, jurons de l'accomplir, en tous temps et en tous lieux, par nos actes profanes comme par nos actes religieux, dans notre vie publique comme dans notre vie privée : « *Vota mea Domino reddam in conspectu omnis populi ejus, in atriis domus Domini, in medio tui, Jerusalem* [1]. »

Faisons davantage, Messieurs. Si nous voulons imiter, en plein, la donation du Sauveur, rappelons-nous que c'est par le sacrifice qu'il se met en état de devenir la nourriture de nos âmes. Le *Quid retribuam* de l'action de grâces nous engage à d'inévitables immolations. Après avoir offert à Dieu tout ce qui peut lui plaire, nous ne pouvons le remercier comme il faut qu'en détruisant en nous tout ce qui peut lui déplaire. O douce et sainte victime qui daignez visiter le temple de mon âme, regardez-moi bien : « Je vais sacrifier, en votre honneur, des hosties : *Tibi sacrificabo hostiam laudis* [2]. » Périssent, sous le glaive de mon

1. Psalm. cxv.
2. Ibid.

ferme propos, tous les ennemis de votre gloire, de mon salut et de ma perfecfion ! Périssent mon orgueil, mon ambition, mon égoïsme, mes avidités coupables, mon attachement passionné aux biens de ce monde, mes injustices, mes haines, mes antipathies, mes violences et mes duretés, mes affections molles et déréglées, ma sensualité, les ardeurs de ma chair, l'amour de mes aises, mes lâchetés dans le service de Dieu! Venez, tyrans de mon âme pécheresse, venez, que je vous égorgc: et puisse le feu de mon amour reconnaissant vous consumer à jamais, comme un holocauste, aux pieds de la sainte victime qui me remplit de sa grâce !

Messieurs, après avoir accompli ce sacrifice vous n'avez plus qu'une chose à faire pour bien terminer votre action de grâces et vous assurer le complet bénéfice de la communion, c'est d'aspirer, par une humble et fervente prière, les grâces dont la chair sacrée du Sauveur est l'inépuisable réceptacle. Demandez avec la plus entière confiance ; en ce moment des noces mystiques de votre âme avec le Fils de Dieu, rien ne peut vous être refusé. Demandez la lumière pour votre esprit, la force pour votre volonté, l'amour pour votre cœur. Demandez de mieux croire, de mieux espérer et de mieux aimer. Demandez d'être plus profondément pénétrés par le sentiment du devoir, de résister plus fermement aux assauts de la tentation et aux emportements de vos passions. Demandez d'être soutenus dans vos travaux, consolés dans vos peines et soulagés dans vos infirmités. Demandez pour vous et pour ceux qui vous sont chers. Vous venez de dire à Dieu, en lui offant tout votre être : Prenez ; — eh bien ! prenez vous-mêmes tout ce qu'il vous faut dans le pain de vie ; nourrissez-vous, rassasiez-vous de grâces. Plus votre appétit spirituel sera exigeant, plus la bonté de Dieu se montrera libérale.

Quand vous serez remplis de ses dons, prosternez-vous une dernière fois, et, avant de prendre congé du Saint-Sacrement, qui attend dans le tabernacle d'autres communiants, dites-lui : « Seigneur, je m'en vais plein d'espoir, ne permettez pas que je sois confondu : *In te, Domine, speravi, non confundar in æternum.* »

II

' Messieurs, l'action de grâces est-elle terminée, lorsque les actes d'adoration, d'amour, de remerciement, d'offrande, de bon propos et de demande, auxquels je viens de vous inviter, ont rempli un quart d'heure ou une demi-heure ? Il y en a qui le croient, et ceux-là sont peut-être nombreux parmi vous. Sans même se donner la peine de faire parler leur cœur, ils lisent, avec un certain recueillement, des formules toutes faites ; quand il n'y en a plus, ils ferment le livre et tout est fini ; en voilà pour un an. Suivez-les ; à peine sortis de l'église, ils ne songent plus guère à la vie divine dont ils viennent de se nourrir. Et cependant, Messieurs, on n'a pas encore rempli tous ses devoirs à l'égard d'un bienfaiteur, lorsqu'on lui a dit un respectueux et tendre *merci* ; il faut savoir profiter de ses dons.

Je suppose que la bienveillante influence d'un ami vous a fait obtenir une place honorable et lucrative ; il ne vous tient pas quitte envers lui, lorsque vous lui avez exprimé verbalement votre reconnaissance ; mais il compte, et c'est son

droit, que vous vous montrerez dignes par votre
conduite de l'intérêt qu'il vous témoigne et des
démarches qu'il a faites pour vous. Perdre, à bref
délai et par votre faute, la situation que sa bonté
vous a créée, c'est de l'ingratitude. Combien plus,
lorsqu'on perd, presque au sortir de la sainte
table, l'honneur et la divine vertu de la communion !

Nous avons, hélas ! un triste exemple de cette
ingratitude dans le mystère que l'Église nous
rappelle aujourd'hui. Jésus avait préparé de loin
ses apôtres au banquet eucharistique par une
promesse solennelle, dont nous avons étudié ensemble l'importante et consolante signification.
Aux approches de la dernière cène, il s'applique
à purifier leur esprit de toute interprétation gros-
sière de sa parole, leur cœur de tout attachement
trivial aux honneurs terrestres qu'ils avaient
rêvés. Humblement agenouillé devant eux, il leur
lave les pieds, signifiant par cet acte extérieur la
pureté qu'il veut voir en leur âme, et les invitant
à faire un dernier effort pour se rendre dignes du
grand mystère d'union qui va s'accomplir. Enfin,
après leur avoir exprimé ses amoureux désirs, il
se donne dans le sacrement qu'il vient d'instituer,

et, pour aider ces âmes naïves, étonnées d'une chose si nouvelle, il se charge lui-même de l'action de grâces. Qu'elle est belle et touchante ! « Père, dit-il, je prie pour ceux que tu m'as donnés, car c'est maintenant surtout qu'ils t'appartiennent..... Conserve-les en mon nom, afin qu'ils soient unis comme nous sommes unis... La gloire que tu m'as donnée, je la leur donne... Je suis en eux, tu es en moi ; afin qu'ils soient consommés dans l'unité et que le monde sache que tu m'as envoyé et que tu les aimes comme tu m'as aimé. Père, Père, je veux que ceux que tu m'as donnés soient avec moi là où je suis et qu'ils voient ma gloire... Je leur ai fait connaître ton nom, afin que l'amour dont tu m'as aimé soit en eux comme j'y suis moi-même [1]. » Ah ! sans doute, les apôtres furent profondément émus par cet hymme divin, et, le cœur rempli de saints désirs et de généreuses résolutions, ils sortirent du cénacle pour aller au jardin des Oliviers.

C'était là que devait commencer le grand combat de la foi et de l'amour contre les puissances de ténèbres ; c'était là qu'il fallait achever l'ac-

---

1. Joan., cap. XVII.

tion de grâces par un éclatant triomphe de la foi et de l'amour. Eh bien, Messieurs, voyez ce qui se passe. Témoins de la tristesse mortelle de leur maître, invités par lui à la vigilance et à la prière, les apôtres s'endorment, pendant que Jésus agonise. L'ennemi arrive et s'empare du Sauveur ; ils l'abandonnent et s'enfuient. Pierre le suit jusqu'au tribunal du grand-prêtre ; mais, à la voix d'une servante, il se trouble ; « il déclare devant tout le monde : *negavit coram omnibus* ; il déclare avec serment : *iterum negavit cum juramento* ; il proteste et jure encore qu'il ne connaît pas cet homme : *Tunc cœpit detestari, et jurare quia non novisset hominem* [1].» Cet homme!... qui l'a nourri de sa chair et de son sang ! — La mollesse, l'indifférence, la lâcheté, l'abandon, le parjure, le renoncement, voilà les fruits que les apôtres retirent de leur communion !

Vous vous indignez, Messieurs, il y a bien de quoi ; mais retournez, je vous prie, votre indignation contre vous-mêmes, car ce que les apôtres ont fait vous le faites, et avec des circonstances qui aggravent votre ingratitude.

1. Matth., cap. xxvi, 70, 72, 74.

Les apôtres avaient la foi, mais une foi simplement commencée, sur laquelle planaient encore des obscurités qui ne devaient être dissipées que par l'irradiation de l'Esprit-Saint. S'ils entrevoyaient quelque chose de grand dans l'Eucharistie, ils n'allaient pas encore au fond du mystère, et leur âme inquiète, tourmentée par de sinistres pressentiments, ne pouvait s'appliquer à la considération des sublimes réalités que dérobent aux yeux de notre corps et de notre raison les signes sacramentels dont Jésus-Christ enveloppe son humanité sainte. D'autre part, gens de rien, sans intelligence, sans instruction, sans crédit, sans appui, puisque leur maître, tombé aux mains de l'ennemi, leur faisait défaut, ils avaient à lutter, pendant les jours néfastes de la passion, contre le sacerdoce, la synagogue, le pouvoir civil sous toutes les formes, le peuple, lui-même, que la cabale et les menaces des grands avaient retourné contre le Sauveur. Est-il donc étonnant qu'ils aient eu des défaillances?

Mais vous, Messieurs, vous vivez en pleine lumière de la foi, et vous avez eu le temps de vous instruire à fond du mystère adorable auquel vous participez par la communion. Vous êtes aidés, du reste, dans l'accomplissement de ce devoir, par dix-huit siècles d'une croyance qui confirme la vôtre, par les définitions précises de l'Église et par l'assistance de l'Esprit-Saint que vous avez reçu à l'heure même où vous avez été engendrés à la vie chrétienne. Ce n'est pas le drame terrible et sanglant de la passion qui doit éprouver votre courage au sortir de la communion, mais le vulgaire combat de la vie quotidienne au milieu du monde, combat dans lequel vous êtes soutenus par le vainqueur du péché, de l'enfer et du monde, le Christ ressuscité qu'aucun ennemi ne peut plus violenter. Il y a donc toutes sortes de raisons pour que vous soyez forts et fidèles au grand bienfait de Dieu ; et cependant vous êtes faibles, d'une faiblesse plus ingrate et plus méprisable que celle des apôtres dont la défection vous indigne.

Pendant combien de temps conservez-vous l'honneur et la divine vertu de la communion ? — Je ne puis rien préciser là-dessus. Toutefois, je ne crains pas de dire que c'est presque toujours bientôt que votre vie, sanctifiée par son union intime avec le Christ, cesse d'être une action de grâces. Non seulement vous vous laissez vite entraîner aux légèretés, aux inconséquences, aux sottises, aux folies de la vie mondaine ; mais, à bref délai, on voit se réveiller en vous les passions que vous avez dû sacrifier, vous renouez les commerces dangereux auxquels vous avez dû renoncer, vous commettez de nouveau les fautes graves que Dieu vous a pardonnées, vous donnez à vos proches le scandale de défauts et de vices que la pratique des sacrements devrait faire disparaître. Huit jours, quinze jours, un mois tout au plus, après vos communions, le monde vous retrouve semblable à lui, et peut vous adresser cette ironique question du Prophète : « *Numquid carnes sanctæ auferent malitias tuas* [1] ? Est-ce que les chairs sacrées guériront votre malice ? » De là ces jugements malveillants dont nous souffrons tous : que les chrétiens ne valent pas mieux que les autres ; que leurs sacrements ne sont que des momeries qui n'aboutissent à rien, à moins qu'ils ne s'en servent pour assurer la réussite de quelque tartuferie.

Messieurs, ce n'est pas ainsi que se conduit le chrétien qui comprend la grandeur et le prix

1. Jerem., cap. XI, 15.

d'une communion. Le quart d'heure de recueillement, pendant lequel il jouit de la présence de
son Dieu et converse intimement avec lui, ne
suffit pas à son action de grâces. Il la prolonge,
en s'appliquant à conserver les admirables ac-
croissements de vie divine dont son âme s'est
enrichie au banquet eucharistique. Ce trésor,
« il le porte dans un vase bien fragile : *Habemus
thesaurum istum in vasis fictilibus* [1] ; » mais, aussi,
avec quel soin il préserve ce vase des chocs qui
pourraient le briser : pressentant les approches
de la tentation, veillant sur les mouvements
déréglés de la nature, contenant l'ardeur des
passions qui le portent au péché, évitant les occasions qu'il sait être funestes à sa faiblesse.
Demain, comme aujourd'hui, et, jusqu'à ce qu'il
puisse communier encore, il veut pouvoir dire :
« *Jam non ego vivo, vivit vero in me Christus* [2] : Ce
n'est plus moi qui vis, c'est Jésus-Christ qui vit
en moi. »

On s'en aperçoit, du reste, à la manière dont
cette vie se manifeste dans sa conduite et aux
changements qu'y opère le pain divin. Orgueil-

1. II Cor., cap. iv, 7.
2. Galat., cap. ii, 20.

leux, emporté, malveillant, sensuel, on voit qu'il incline vers l'humilité, la douceur, la bienveillance, la mortification du Christ ; trop amoureux de sa liberté, il la soumet au joug de l'obéissance ; impatient dans l'épreuve, il comprend qu'il faut se résigner, et dire amoureusement : *Fiat;* languissant dans le service de Dieu, il veut travailler, comme le Sauveur, à la gloire de son Père céleste ; son égoïsme le rendait indifférent aux besoins, aux prières, aux souffrances d'autrui, mais, maintenant, il dit avec l'Apôtre : « *Charitas Christi urget nos* [1] : La charité du Christ me presse ; » et on le voit compatir à toutes les misères, prendre part aux services d'amour et aux œuvres de dévouement. Ce n'est pas encore la perfection chrétienne, mais il y tend. Ne pouvant glorifier Dieu par le triomphe, il le glorifie par le combat. Il le glorifie et le porte en son esprit, en son cœur, et jusqu'en sa chair pénitente, sevrée des plaisirs criminels qui l'avaient déshonorée. Bref, sa vie transformée par la nourriture eucharistique est la conclusion pratique et le glorieux prolongement de son action de grâces.

1. II Cor., cap. v. 14.

Vous me faites remarquer, Messieurs, que ce prolongement ne peut pas durer une année, car il est difficile à notre infirme nature, si souvent et si violemment heurtée dans les agitations de ce monde, de retenir, pendant douze mois, la divine vertu du sacrement qui l'a réconfortée. — Eh bien, soit. Je reviens, alors, à ce que je vous disais dernièrement : — Quand vous sentez s'épuiser la force d'une communion, communiez encore. — Dieu lui-même vous y invite. « Venez, dit-il, venez, mes amis, mangez mon pain, et buvez le vin que je vous ai préparé : *Venite, comedite panem meum, et bibite vinum quod miscui vobis* [1]. » Ses invitations ne ressemblent pas à celles des prétendus amis qui nous assurent que notre couvert est toujours mis chez eux, et notre assiduité à la table sainte ne nous vaudra pas la honte d'être considérés comme des parasites. Il désire nous avoir pour convives plus que nous ne pouvons désirer son hospitalité. Et, voyez l'étrange chose : si libérale, si magnifique est sa bonté, que lui demander à nouveau le grand bienfait pour lequel nous voulons lui témoigner

1. Prov., cap. IX, 5.

notre reconnaissance est, à ses yeux, la meilleure des actions de grâces.

La communion action de grâce de la communion! Il semble que le Psalmiste ait voulu nous indiquer cette manière de remercier notre divin bienfaiteur, quand, après avoir dit : « Que rendrai-je à Dieu, pour tous les dons qu'il m'a faits? » il ajoute aussitôt : « Je prendrai le calice du salut, et j'invoquerai le nom du Seigneur : *Calicem salutaris accipiam, et nomen Domini invocabo* [1]. »

1. Psalm. CXV.

CINQUIÈME INSTRUCTION

LE CALVAIRE ET L'AUTEL.

Eminentissime Seigneur,
Monseigneur,
Messieurs,

Jésus-Christ, perpétuellement présent dans l'Eucharistie, nous appelle auprès de lui. Ses miséricordieuses prévenances, sa royale condescendance, nous imposent le devoir de visiter les lieux où il réside, et, n'eussions-nous pas à lui rendre nos hommages de loyaux et fidèles sujets, le besoin de recourir à ses bons offices et d'épancher nos cœurs dans son cœur ami nous attirerait encore vers le tabernacle. Hôte de l'humanité, Jésus-Christ est dans l'Eucharistie nourriture de notre être divin, pain de la vie éternelle, d'où la nécessité pour nous de prendre part au banquet spirituel dont tout chrétien est le convive prédestiné, et d'en assurer l'efficacité par nos généreuses et saintes dispositions. Tels sont, en résumé, les enseignements de notre retraite.

Faut-il les interrompre? — Non, Messieurs.— Le douloureux mystère que l'Église propose, en ce jour, à notre dévotion ne nous éloigne pas du grand sujet que nous avons médité. Bien au contraire, il nous fournit l'occasion d'un rapprochement propre à édifier nos âmes et à compléter notre éducation pratique à l'endroit de l'Eucharistie.

Ce sacrement, dit saint Thomas, est le mémorial de la passion du Sauveur : « *Recolitur memoria passionis ejus* [1]. » Entre le Calvaire et l'autel, ces deux montagnes sacrées, il y a de telles ressemblances et de si intimes rapports qu'on ne peut les séparer l'une de l'autre, sans mutiler l'œuvre admirable de la Rédemption. Sur le Calvaire, elle condense, en quelque sorte, toute sa divine vertu;

1. Antiphon. officii SS. Sacramenti.

sur l'autel, elle l'applique et la distribue ; sur le Calvaire, elle consomme tous les sacrifices figuratifs ; sur l'autel, elle perpétue le sacrifice réel ; sur le Calvaire et sur l'autel, elle est une seule et même œuvre dont nous devons tirer profit pour notre sanctification et notre salut.

Voyons donc, Messieurs, ce qui se fait sur le Calvaire et sur l'autel ; — voyons ce qui se passe autour de ces deux saintes montagnes.

I

Saint Paul, rappelant aux Hébreux la coutume sacrée de l'expiation solennelle, en fait l'application à Jésus-Christ. — « Le sang des animaux répandu pour le péché, dit-il, est porté par le prêtre dans le Saint des saints, mais leurs corps sont brûlés hors du camp. C'est pourquoi Jésus, voulant sanctifier le peuple par son sang, a souffert en dehors des portes de la ville : *Propter quod et Jesus... extra portam passus est* [1]. » Victime

1. Quorum enim animalium infertur sanguis pro peccato in Sancta per pontificem, horum corpora cremantur extra castra. Propter quod et Jesus, ut sanctificaret per suum sanguinem populum, extra portam passus est. (Heb., cap. XIII, 11, 12.)

universelle, il ne devait pas expirer dans un temple ni sur un autel dont un seul peuple pût revendiquer la propriété. La ville sainte était souillée par la plus monstrueuse des iniquités, et, dans l'enivrement d'une inexplicable colère, elle venait de se condamner à une ruine éternelle.

Il fallait donc un nouveau lieu hors de l'enceinte, pour exprimer que le privilège était aboli et que la religion sortait des étroites limites où Dieu l'avait renfermée jusque-là. Chargé des iniquités du monde, devenu, par l'imputation de nos crimes, comme le péché vivant, porteur de la malédiction qui pesait sur la race humaine, Jésus va consommer ses souffrances hors des portes : « *Extra portam passus est.* » Son temple, son autel, c'est le Calvaire.

Le Calvaire, humble entre toutes les cimes, est devenu soudain la plus illustre des montagnes, et, par la mort du Fils de Dieu, il a perdu et justifié son nom. On l'appelait Golgotha, tête dépouillée. Mais, depuis que le Christ a expiré sur cette tête, elle s'élève ornée de la pourpre de son sang, encore tout émue des paroles et des cris divins qu'elle a entendus, glorieuse et fière entre tous les sommets célèbres que Dieu a choisis pour de grandes actions et de grands bienfaits.

Je ne sais, Messieurs, s'il vous a été donné de vivre quelque temps dans un pays de montagnes et d'en admirer les majetueuses beautés. Rien n'est plus propre à élever l'âme et à lui communiquer de religieuses impressions. En suivant du regard ces rampes qui, décroissant d'ampleur, à mesure que leur rapidité augmente, vont se perdre dans l'azur du firmament, il semble qu'on monte avec elles vers le ciel, et qu'on se rapproche d'un lieu où les bruits de la terre ne viennent plus troubler les contemplations de l'esprit ni le repos de la conscience ; c'est là que le soleil envoie les premiers baisers de sa lumière, là qu'il vient s'asseoir, à son lever, comme sur un trône ; c'est là que s'abaissent les nuées du ciel, là que reposent les glaces et les neiges éternelles, féconds réservoirs d'où s'échappent les torrents, les ruisseaux et les fleuves ; c'est près de là que croissent les arbres gigantesques et robustes qui doivent prendre, sous mille formes, une place d'honneur, dans les palais de Dieu et des rois. Les montagnes sont l'austère séjour de mille beautés et de mille bienfaits. Dieu les aime, Dieu s'incline volontiers vers elles. C'est pour cela, sans doute, que le Psalmiste chantait : « J'ai levé mes yeux vers les montagnes d'où doit me venir le secours que j'attends : *Levavi oculos meos in montes, unde veniet auxilium mihi*[1]. » Quand on parcourt l'histoire des relations qu'il a plu à Dieu d'entretenir avec l'humanité, on se sent pressé de dire comme le poète :

> Jéhovah de la terre a consacré les cimes ;
> Elles sont de ses pas le divin marchepied ;
> C'est là qu'environné de ses foudres sublimes
> Il vole, il descend, il s'assied [2].

En effet, c'est sur une montagne que descend le vaisseau symbolique dans lequel les élus de Dieu sont sauvés du naufrage qui engloutit la race humaine ; c'est là que le Seigneur envoie la bonne nouvelle de la délivrance et la promesse de la miséricorde. C'est sur une montagne que Dieu tente la foi de son serviteur Abraham par la plus cruelle des épreuves, et qu'il lui annonce la gloire de sa postérité. C'est sur une montagne que *Celui qui est* appelle Moïse son prophète, et que, au sein d'une mystérieuse tempête, il lui donne

1. Psalm. cxx.
2. Lamartine. *Secondes Méditations poétiques*, xxive médit.

la loi sublime qui doit régler la vie d'Israël et
conduire l'humanité jusqu'à la plénitude des
temps. C'est sur une montagne que Moïse prie les
bras étendus, pendant que le peuple de Dieu combat dans la plaine. C'est sur une montagne qu'il
expire en vue de la terre promise à ses ancêtres.
C'est sur une montagne que l'arche sainte est
déposée, en attendant que la piété des rois bâtisse
au Seigneur une demeure digne de lui. Sion
devient, par le séjour de l'arche, « la montagne
de Dieu, la montagne fertile, la montagne opulente, la montagne où il plaît à Dieu d'habiter :
*Mons Dei, mons pinguis, mons coagulatus, mons in
quo beneplacitum est Deo habitare in eo* [1]. » Enfin,
c'est sur une montagne que le temple, la plus
grande merveille du monde, est bâti. Oui, Messieurs :

> Jéhovah de la terre a consacré les cimes.

Mais, de toutes les cimes consacrées par Dieu,
aucune ne le fut autant que la cime du Calvaire.
Il ne monte pas bien haut dans les airs, cependant il est plus près du ciel que les sommet

1. Psalm., LXVII.

sourcilleux qui désespèrent l'intrépidité de la
science et les audaces de la curiosité humaine.
Le ciel est descendu sur lui, et s'y est reposé tout
entier, en la personne du Verbe incarné, immolé
devant son Père, consumé par les feux de l'Esprit-
Saint, pendant que les vertus célestes, silencieuses
et recueillies, pleuraient autour de son gibet.
Mystérieusement enveloppé du nuage de sa chair
ensanglantée, le vrai soleil, le soleil divin, se
levait sur le monde qu'il allait inonder de ses
rayons; le fleuve de la rédemption coulait à
grands flots, pour baigner et purifier les âmes pé-
cheresses qu'il devait rencontrer en son chemin,
et l'arbre robuste, l'arbre glorieux, l'arbre fécond :
la croix, se dressait au sommet de l'humble colline devenue tout à coup le plus grand des
monts : plus grand que ceux sur lesquels Dieu
fait éclater sa puissance et sa bonté de créateur ;
plus grand encore que ceux sur lesquels il a manifesté, dans les temps anciens, son intervention
surnaturelle.

Les monts d'Arménie ont reçu l'arche de Noé,
toute pleine des vies qui allaient repeupler la
terre; mais plus vaste et plus précieuse était l'humanité du Sauveur debout sur le Calvaire : arche

sacrée, toute pleine de la vie divine destinée à enfanter une race nouvelle, race royale et sacerdotale, à jamais délivrée des menaces de vengeance qui, pendant quarante siècles, ont pesé sur le monde.

En la terre de vision, sur un sommet solitaire, Abraham, fidèle aux promesses divines, va immoler son fils. Mais qu'est-ce que ce témoignage d'une foi sans ombre, auprès de l'immense amour qui, sur le Calvaire, livre, pour des pécheurs, le véritable Isaac, le Fils unique de Dieu, aux angoisses et aux tortures de la mort la plus ignominieuse et la plus cruelle?

Le Sinaï voit se reposer sur sa cime la majesté de Jéhovah. Il parle au milieu des éclairs et des tonnerres; la montagne chancelle, le désert pousse des cris d'étonnement et d'épouvante, pendant que la plume ardente des chérubins écrit sur des tables de marbre la loi de crainte. Mais, sur le Calvaire, l'aimable majesté du Verbe divin ne se révèle que par son obéissance et sa douceur d'agneau. C'est sur son propre corps qu'il écrit la loi d'amour : sur son front, sur ses pieds, sur ses mains, sur son cœur, sur chaque lambeau de sa chair sanglante, nous lisons le même comman-

dement, l'unique commandement : — Aimez-
moi, aimez-vous, comme je vous ai aimés !

Pendant qu'Israël combat dans les plaines de
Raphidim, Moïse, à genoux sur la colline, lève
ses mains vers le ciel, et son ardente prière en
fait descendre le courage et la victoire. Amalec
succombe, Israël est triomphant. Mais, sur le Calvaire, le Moïse du testament nouveau lève ses
mains aussi, non plus soutenues par des bras
amis, mais par les bras inflexibles de la croix et
par des pointes cruelles qui les transpercent. Il
appelle son Père, et ses tendres gémissements sont
entendus. L'humanité asservie se réveille pleine
d'une généreuse ardeur. Satan, l'ennemi des
premiers jours, Satan dont les légions maudites
triomphaient depuis quarante siècles, Satan est
vaincu.

Sur le mont Nebo, Moïse meurt, et contemple,
avant de mourir, la terre promise à ses ancêtres,
terre immense pour Israël, trop petite pour le
peuple chrétien. A ce peuple il faut l'univers, et,
du haut du Calvaire, Jésus embrasse le monde
entier du regard. Ce monde lui a été promis
par son Père. « Demande-moi, disait-il, et je te
donnerai les nations pour héritage. » Jésus a

demandé par ses humiliations, ses gémissements, ses douleurs et son sang, et, avant de
mourir, il regarde, il contemple, il admire, par
delà la Judée, par delà les mers, d'un bout de
l'univers à l'autre, l'héritage paternel.

Sion reçoit l'arche d'alliance ; une colline, sa
sœur, le temple de Dieu ; mais l'arche et le temple
ne sont que les pâles figures de l'humanité sainte
en laquelle sont concentrés tous les bienfaits :
la loi parfaite, la véritable manne, et le plus
précieux de tous les trésors, la plénitude de la
divinité qui l'habite corporellement. Et cette
humanité sainte, c'est sur le Calvaire que nous
la voyons une dernière fois.

O Calvaire ! montagne illustre, montagne
reine, montagne adorable, dernier théâtre de la
passion du Sauveur, où es-tu ? Hélas ! dans un
pays de mécréants, perdu pour les enfants du
Christ et visité par de rares pèlerins. Heureux
ceux qui peuvent se joindre aux religieuses ca-
ravanes que la foi emporte, chaque année, sous
le beau ciel d'Orient ! Partez, pieux voyageurs,
traversez les mers en chantant des hymnes et
des cantiques ; contemplez respectueusement la
triste Jérusalem ; suivez, à travers ses rues dé-

solées, la trace des pas du divin condamné, sortez de l'enceinte, gravissez la montagne sainte, prosternez-vous, baisez le lieu où fut plantée la croix, adorez, pleurez, épanchez votre cœur, et revenez nous raconter les émotions qui l'ont brisé. Vous édifierez notre piété, mais vous n'exciterez pas notre jalousie; car une montagne non moins illustre, non moins fertile, non moins divine que le Calvaire se dresse au milieu de nous.

Regardez, Messieurs : « *extra portam* », hors des portes de l'enceinte où vous êtes réunis, justes et pécheurs ; le sol s'élève doucement, le chœur nous conduit aux degrés du sanctuaire, le sanctuaire aux marches de l'autel. L'autel est, aussi bien que le Calvaire, le sommet sacré vers lequel le ciel s'abaisse, où le soleil éternel se lève, d'où le fleuve de la rédemption coule à grands flots, où l'arche du salut repose, s'ouvre et répand la vie sur la terre désolée, où le nouvel Isaac se sacrifie, où la loi d'amour est de nouveau promulguée, où le divin Moïse prie pour nous en montrant à son Père ses plaies glorieuses et en lui demandant, d'une voix tendre, l'héritage qui lui fut promis, où l'arche d'alliance, le vrai temple de Dieu, attend les adorateurs en esprit et en vérité. Autel! Autel! montagne sacrosainte, tu n'as rien à envier au Calvaire ; tous deux vous êtes le théâtre des mêmes mystères divins.

Car, enfin, Messieurs, qu'est-ce que je vois sur le Calvaire? — Un sacrifice : la croix dressée, et, sur la croix, une victime. Le sang ruisselle de ses plaies ouvertes, ses yeux mourants cherchent le ciel, et le cri de sa dernière angoisse s'échappe de sa poitrine haletante et de sa bouche desséchée. Cette victime, ce n'est pas un coupable, c'est un innocent ; ce n'est pas un vulgaire enfant des hommes, c'est le Fils de Dieu même, vrai Dieu comme son Père et vrai homme comme nous : Jésus-Christ. Il souffre, il va mourir, il meurt. Ceux qui ne voient le mystère que du dehors y admirent le courage d'un héros et la patience d'un saint en butte à la malice des hommes ; mais nous, chrétiens, nous devons aller plus avant, et voir ce qui se passe dans le cœur adorable du Sauveur. Il souffre, mais c'est lui qui le veut ainsi ; il va mourir, il meurt, mais c'est lui qui s'immole : *«Oblatus est quia ipse voluit* [1]*, »*

1. Isaï., cap. LIII, 7.

dit l'Apôtre avec le prophète; et lui-même, avant de se livrer, a déclaré : « Que personne autre que lui ne peut lui enlever sa précieuse vie : *Nemo tollit animam meam a me, sed ego pono eam a me ipso* [1]. » Il est donc sacrificateur et victime.

Mais pourquoi est-il victime ? — Pour la gloire de Dieu et le salut du genre humain. Le droit divin réclame, je vous l'ai dit, le perpétuel et total hommage de notre existence. Du simple fait de notre absolue dépendance découle la nécessité du sacrifice qui adore et rend grâces par l'anéantissement. Fussions-nous purs comme les anges, le devoir nous crie : *Sacer esto;* combien plus, si nous considérons les effroyables désordres et la dette immense du péché ! N'entendez-vous pas, au-dessus des gémissements et des plaintes de votre misère, la voix redoutable de la justice divine qui vous demande le sacrifice de votre vie ? O homme ! profané par le péché, sors des profondeurs de ton abjection et livre-toi aux fureurs sacrées de Celui que tu as offensé : *Sacer esto!* Mais à quoi aboutirai-je, si je me donne ? Ma vie

---

1. Joan., cap. x, 18.

n'est rien devant la majesté infinie du Dieu à qui je me dois. Il a vu passer sous ses yeux des légions de victimes ; les holocaustes et les hécatombes ont fait monter vers lui des plaintes immenses et la fumée de leur sang ; l'homme lui-même est tombé sous le couteau des sacrificateurs, et il a dit : « Je n'en veux pas. » Désespérante impuissance ! — Je puis faire à ma patrie, à ma famille, à mes amis, le sacrifice de ma vie. Je m'en retire avec honneur ; le généreux parfum de mon sang traverse les siècles et la postérité me bénit. Mais, pour Dieu, je ne puis rien faire qui lui soit agréable. — Que vous faut-il donc, ô Dieu jaloux ? — Ce qu'il vous faut, c'est une vie qui se mesure sur la vôtre, une victime qui vous égale ; ce qu'il vous faut, c'est vous-même. Mais, ô très pure essence, vous êtes invulnérable ! O vie éternelle, vous ne pouvez mourir ! Tous les traits qui blessent, toutes les forces qui usent à la longue les existences créées, s'émoussent et s'épuisent sur l'admirable armure de vos perfections. Eh bien ! Messieurs, soyez étonnés, soyez confondus ! Dieu se donne à lui-même l'incroyable pouvoir de s'immoler à sa propre justice et de mourir à votre place. Vous n'aviez

pas assez de vie pour combler les brèches faites
à l'honneur divin, et voilà que la vie divine est
à votre disposition, prenez-la. Voyez-vous, au
sommet du Calvaire, cet homme qui expire sur la
croix? Tout à l'heure, il disait à ses disciples :
« Il n'y a pas de plus grand amour que de donner
sa vie pour ceux qu'on aime [1]; » et, maintenant,
il meurt, substitué par l'amour à tous les
pécheurs, comblant les vœux de la très haute et
très sainte majesté de Dieu, apaisant sa justice,
et inondant de grâces l'humanité qu'il a sauvée
de la mort éternelle.

O sacrifice auguste! on ne t'a vu qu'une fois
sur le Calvaire, nous te voyons tous les jours sur
l'autel. Car c'est le même, Messieurs, absolument
le même sacrifice. La croix n'est plus dressée,
elle est incrustée sur la table de l'autel ; ce n'est
plus un bois vulgaire, c'est un lit glorieux composé des sacrés ossements de ceux qui ont confessé, par le sang et par la mort, le nom de Jésus-
Christ ; elle n'est plus aussi grande, parce que la
victime se réduit, par un miracle, à de moindres
proportions, mais c'est bien la même victime : le

1. Majorem charitatem nemo habet quam ut animam
suam ponat quis pro amicis suis. (Joan., cap. xv, 13.)

Christ béni, Fils unique de Dieu et d'une Vierge de la race humaine. Sur le Calvaire, il répandait son sang, sous les coups des bourreaux; sur l'autel, ce sang jaillirait, sous les coups des paroles sacerdotales, s'il n'était immortel. Sur le Calvaire, il exhalait son âme sainte; sur l'autel, il la garde; mais, ainsi que je vous l'ai expliqué [1] : par l'éclipse totale de sa gloire, la captivité de ses membres, la cessation des fonctions naturelles qui conviennent à ses sens, par l'immobilité, le silence, l'anéantissement qui le mettent à notre disposition jusqu'à la destruction de son être sacramentel, il exprime, autant qu'il est en lui, les mutations sacrées et l'état de mort propres au sacrifice.

Donc, identité de victime sur le Calvaire et sur l'autel, et, aussi, identité de prêtre. Vous croyez peut-être, Messieurs, que l'homme consacré, qui prononce les paroles sacramentelles, est le principal acteur du drame invisible en lequel se renouvelle l'immolation du Golgotha? Détrompez-vous. Cet homme n'est qu'un instrument dont le Christ se sert, comme il s'est servi des bour-

1. Cf. *Exposition du dogme catholique*, soixante-dixième conférence : *Le Sacrifice*, 1re part., in fine.

reaux. Sur le Calvaire, il a laissé faire; sur l'autel, il ordonne à son prêtre de parler. Mais le prêtre humain ne prononce que les paroles mêmes du Christ, et, par ces paroles, c'est la volonté souveraine du divin prêtre qui frappe et qui immole.

Dans cette immolation, c'est la même substitution amoureuse. Puisqu'il faut un sacrifice à notre religion parfaite, puisque nulle vie inférieure ne peut remplacer la nôtre dans cet acte religieux, en toute justice, nous devrions être couchés sur l'autel, comme nous devions être couchés sur la croix. Mais celui qui nous a remplacés sur la croix nous remplace également sur l'autel. Regardez ce que le prêtre tient entre ses mains : du pain, composé de grains broyés, triturés, fondus ensemble ; du vin, composé de fruits foulés aux pieds et mêlés dans une généreuse liqueur. Ce pain, ce vin, c'est vous, c'est nous tous, en une naïve et innocente représentation. Et voici que, sous le coup d'une parole sacrée, la représentation devient une réalité divine. Sur les espèces symboliques le *Sacer esto* retentit : l'humanité figurée disparaît, et Dieu lui-même la remplace à l'état de victime.

De cette amoureuse substitution, les mêmes grâces jaillissent sur le Calvaire et sur l'autel. Sur le Calvaire, elles étaient toutes acquises par les mérites infinis du Sauveur, mais leur effet demeurait suspendu ; sur l'autel, elles sont distribuées et appliquées, selon l'ordre de notre prédestination, au salut et à la gloire éternelle.

Sur le Calvaire, on avait l'avantage de voir des yeux de la chair la victime et le sacrificateur, mais les yeux de l'esprit étaient fermés sur les intentions sacrificales ; presque personne ne les connaissait. Pour les bourreaux, pour le peuple, pour les disciples même du Sauveur, la sanglante tragédie du crucifiement n'était rien autre chose que l'exécution d'un arrêt de la justice humaine.

Sur l'autel, la victime et le sacrificateur échappent à nos regards, mais les intentions sacrificales sont tellement manifestes que tout le monde peut s'y associer. Ces vêtements symboliques, sous lesquels le prêtre nous apparaît comme transfiguré, n'indiquent-ils pas qu'une grande action va s'accomplir ? Les fautes que l'on accuse, les pardons que l'on demande, les instructions que l'on donne, les actes de foi et les louanges de Dieu que l'on chante, n'est-ce pas comme l'introduction de l'humanité pécheresse près de celui qui doit recevoir l'oblation sainte? Enfin, on la lui offre. — « Prends-la, Trinité sainte, et qu'elle ne monte vers toi que pour te plaire. — De notre esprit humilié et de notre cœur contrit, reçois et agrée le sacrifice que nous t'offrons, ô Seigneur Dieu! — Frères, prions ensemble, afin que notre sacrifice soit accepté de Dieu. — Anges, archanges, chérubins, séraphins, vertus du ciel, priez avec nous. — Les voilà, Père très clément, les voilà ces dons, ces présents, ce sacrifice sans tache; bénisle, enregistre-le, approuve-le, accepte-le. — C'est ton Fils Jésus qui l'a institué, la veille de sa mort. Ecoute sa parole : Ceci est mon corps, livré pour vous : Ceci est mon sang, répandu pour la rémission des péchés : Faites ceci en mémoire de moi. — C'est fait, Seigneur; l'hostie pure, l'hostie sainte, l'hostie immaculée, le pain sacré de la vie éternelle, le calice de l'éternel salut, sont sous tes yeux. — Si tu as daigné accepter les présents de ton serviteur Abel, le sacrifice du patriarche Abraham et celui du grand Melchisédech, tu ne peux pas refuser le saint sacrifice, l'hostie sans tache que nous t'offrons. — Reçois-la donc de la main des anges, et que sa participation nous comble de la bénédiction céleste et de la grâce de Dieu. — Et maintenant, venez, morts et vivants, pécheurs et justes, venez chercher la délivrance de tous les maux présents, passés et futurs, la paix de vos jours, l'aide de la miséricorde divine, la purification de vos péchés, la sécurité au milieu de la tourmente qui agite le monde, par Jésus-Christ, qui vit avec vous, ô Seigneur, en l'unité de l'Esprit-Saint, dans les siècles des siècles. *Amen. Amen.* »

Ainsi parle la sainte liturgie. Remarquez bien, Messieurs, que le sacrifice auquel elle nous convie si franchement, si solennellement, n'est point un acte religieux qui se sépare de l'immolation du Calvaire. Non seulement il la copie d'une manière expressive, mais il en est, avec les mêmes éléments, la reproduction commémorative. C'est ce que l'Église nous enseigne par actions et par paroles. Ses cérémonies rappellent, à chaque instant, quelque circonstance de la passion, et elle les accompagne de déclarations qui ne peuvent nous laisser aucun doute sur l'identité des deux sacrifices : *In memoriam passionis : Memores beatæ passionis.* En somme, elle ne fait qu'ajouter à la passion la notoriété des intentions sacrificales de Jésus-Christ, au moment où, victime et sacrificateur, il s'éclipse en son sacrement. Le Calvaire se déverse sur l'autel, la messe complète et perpétue le sacrifice de la croix.

Après cela, Messieurs, comment se fait-il qu'on résiste au commandement de l'Église, lorsqu'elle ordonne d'assister au saint sacrifice? Comment peut-on dire, sans être profondément ému et attendri, ces simples paroles : — Je vais à la messe? Comment peut-on refuser aux divins mystères une religieuse et dévote attention ?— Je vais m'expliquer avec vous sur ces questions pratiques, en examinant ce qui se passe autour des deux saintes montagnes.

II

Près de la croix sur laquelle expire le Sauveur, le long des chemins qui conduisent au sommet du Calvaire, çà et là, sur les pentes de de la colline, dans un lointain discret où l'on peut dissimuler sa présence, il y a une foule mêlée dont les attitudes et les sentiments sont loin de concorder, en regard de la passion.

Voici, d'abord, les bourreaux qui torturent. Rien ne peut satisfaire leur criminelle fureur. La douce résignation, le silence de leur victime, ne les touchent pas; ils n'en sont que plus hardis au supplice et plus avides de tourments. Ils arrachent les vêtements du Sauveur collés sur sa chair ensanglantée, ils s'amusent de sa nudité, ils brutalisent sa faiblesse, ils le couchent violemment sur la croix, ils lui plantent des clous dans les pieds et dans les mains, ils l'abreuvent de fiel, et, sous ses yeux, ils se partagent au jeu ses pauvres dépouilles.

Auprès des bourreaux, les impies qui blasphèment : « O toi, disent-ils, toi qui devais détruire le temple et le rebâtir en trois jours; si tu es le Fils de Dieu, sauve-toi toi-même, descends de la croix, et nous croirons en toi. — Ah! il a sauvé les autres, et il ne peut pas se sauver lui-même! — Imposteur, sacrilège usurpateur de la majesté divine, te voilà donc! Nous attendions ton jour; il est enfin arrivé : *En dies quam expectabamus!* Nous te tenons : *Tenuimus eum*. Meurs déshonoré, et que le peuple soit vengé, par tes ignominies, des séductions dont il fut victime ! »

En compagnie des impies, les incrédules qui branlent la tête et sourient de pitié. « Est-ce bien là, disent-ils, le Jésus de Nazareth qui faisait tant de bruit ? Sa mort est affreuse, mais que pouvait-il espérer de toutes ses folies ? »

Au bas de la colline, les indifférents qui jettent un coup d'œil en passant. « Qu'y a-t-il là-haut ? Un condamné que l'on crucifie ? Je n'ai pas le temps de m'arrêter, c'est dommage. » — Et ils vont à leurs affaires ou à leurs plaisirs.

Mais la tourbe des ignorants stationne. Ils ne comprennent rien au mystère de la croix ; la passion du Sauveur n'est pour eux qu'une scène tragique où ils viennent chercher des émotions. Ils regardent avec curiosité celui qui souffre et ceux qui le font souffrir. Pour se délasser d'une trop longue attention, ils passent en revue l'assistance. Ils échangent entre eux des réflexions bizarres ou imbéciles, et ils s'en vont ravis d'avoir pu tuer quelques heures de leur temps par un spectacle qu'on ne voit pas tous les jours.

Mêlés aux ignorants, les oublieux imitent leur sottise et leur indécente curiosité, tandis que les

peureux se cachent et cherchent à se faire oublier. Ils n'ont pas tout à fait perdu la foi, mais
ils n'osent la montrer. Les uns sont restés dans
la ville, les autres se dissimulent, le plus qu'ils
peuvent, aux derniers rangs de la foule, ne
regardant ce qui se passe que d'un œil timide,
tant ils craignent de se trahir. Et, quand ils
sentent leur cœur se fendre et les larmes gagner
leurs paupières, ils s'enfuient, pour qu'on ne
dise pas : — C'est un des siens !

Les pénitents n'ont point de ces transes : Ils
font publiquement éclater leur douleur et leur
profonde désolation. C'est Madeleine, déjà par-
donnée, mais écrasée, à cette heure, par la pensée
que ses fautes ont causé la mort de Celui qui est
devenu son unique amour; c'est le centurion, qui
frappe sa poitrine, et s'écrie : « *Vere Filius Dei erat
iste :* Cet homme était vraiment le Fils de Dieu; »
ce sont des soldats, des hommes sans nom, qui
voient leurs péchés dans chaque goutte du sang
répandu, et qui reçoivent dans leur cœur ouvert
par le repentir le fleuve de la Rédemption.

Enfin, voici les justes compatissants : Marie,
l'héroïque mère du crucifié; Jean, son disciple
bien-aimé; les pieuses femmes de Jérusalem,

plus fortes et plus audacieuses que les hommes
en ces tristes circonstances. Tous contemplent
l'agonie de la divine victime, tous prennent part
à ses douleurs, tous pleurent sur elle comme on
pleure sur un premier-né que la mort vient trop
tôt ravir à sa famille, tous adorent, à travers les
anéantissements de l'Homme-Dieu, la justice et
la miséricorde divines qui s'embrassent en sa
personne, tous croient et s'unissent à la Rédemption du genre humain.

Et maintenant, prenons congé de la croix et
de la montagne du salut; traversons les siècles,
et visitons les églises de la chrétienté. Bourreaux, impies, incrédules, indifférents, ignorants, oublieux, peureux, pécheurs repentants,
justes compatissants du Calvaire, tout ce monde,
Messieurs, se retrouve autour de l'autel, bien
que le sacrifice ait changé d'aspect.

Les bourreaux, ce sont les violateurs des
temples et des tabernacles : païens, juifs, héré-
tiques, révolutionnaires, se succédant pour mal-
traiter le Sauveur immolé dans le sacrement de
son amour. Que de fois ils ont interrompu les
divins mystères, assassiné les prêtres, épouvanté
les fidèles, profané les hosties, et terminé leur

orgie de haine et de fureur en se partageant, sur
l'autel même, les ornements et les vases sacrés,
dépouilles de la sainte victime qu'ils venaient
d'outrager. Brigands exécrables!... Mais plus
exécrable, vous l'avez vu, l'hypocrite qui trompe
l'Église, et va consommer par une communion
sacrilège le sacrifice auquel il vient d'assister [1] !

Les impies et les incrédules. — Voilà dix-huit
cents ans qu'ils assiègent l'autel de leurs blasphèmes et de leurs ricanements. Trompés dans
leur curiosité par le soin jaloux avec lequel les
chrétiens cachaient leurs mystères, les païens ont
transformé, par la calomnie, le sacrifice sans
tache en une orgie sanglante, et la communion,
qui le consomme, en un festin d'anthropophages.
Appliquée à torturer la parole de Dieu, pour la
retourner contre le dogme eucharistique, l'hérésie a substitué, au nom même de l'Evangile,
une mesquine et impuissante figure à l'auguste
et féconde réalité du Christ immolé et présent en
son sacrement. La science, invoquant contre nous
les lois de la nature, comme si elle les avait faites,
et comme si Dieu n'y pouvait rien changer sans

---

1. Cf. Troisième instruction : *Avant la communion*,
1re partie.

son consentement, accuse d'absurdité tout ce qui se passe sur l'autel, tandis que les plaisantins de l'incrédulité bernent notre ignorance et notre superstition. Ils ont si bien réussi, dans le blasphème et la moquerie, que l'autel est devenu une sorte de mauvais lieu dont le monde officiel s'éloigne avec dédain. On dirait que la messe n'est propre qu'à déshonorer la toge de nos magistrats et l'épée de nos soldats.

Avec cela, combien se tiennent à l'écart par indifférence! Et pourtant, qu'un Dieu s'immole et prenne à son propre compte le culte dont la terre est redevable au ciel, c'est la plus grande chose qu'on puisse voir. Mais la plupart des chrétiens n'en ont cure. Ils vont, viennent, passent, repassent, autour de l'autel, éternels esclaves de préoccupations vulgaires qui les empêchent de s'arrêter et de s'unir aux actes religieux, dont le sacrifice de la messe est le centre adorable. Ceux qui n'ont pas perdu de vue la dignité et l'importance de ce divin mystère discutent avec l'Église qui les y appelle, invoquant mille prétextes frivoles pour se dispenser d'obéir à son commandement : infirmités imaginaires, obstacles faciles à vaincre, affaires qu'on peut remettre, et, quelquefois, plaisirs dont on ne veut pas se priver. Il en est qui n'ont pas d'autre excuse que la lâcheté. Convaincus du devoir, ils le sacrifient à la peur de perdre les bonnes grâces de quelques mécréants dont l'influence peut leur nuire ou leur être utile. Une place que l'on tient, une faveur que l'on espère, cela, paraît-il, vaut mieux qu'une messe.

Encore, si tous ceux qu'on voit au saint sacrifice étaient des assistants sérieux. Mais il y en a qui n'y viennent que de temps en temps, comme à un spectacle où les lumières, les chants, les habits de fête, tiennent la place du Dieu dont ils ignorent la présence et la sacrosainte action. D'autres, régulièrement amenés par la routine, oublient et ce qu'ils savent des saints mystères et ce qui se passe sur l'autel. Tous, lors même qu'il n'y a rien à reprendre dans leur attitude, laissent voyager leur esprit distrait loin du saint lieu, de ses intérêts à ses passions, de ses affaires à ses plaisirs, de ses antipathies à ses affections. Et c'est la moindre de leurs fautes ; car, souvent, ils s'oublient, comme dans un lieu profane, en vaines politesses, en rires indécents, en paroles inutiles, en observations malveillantes, quand

ils ne s'abandonnent pas à une criminelle curiosité.

Ah! s'il n'y avait au monde que cette foule de
méchants et d'ingrats, l'agneau divin devrait
rester au ciel, et laisser s'écrouler les autels où il
vient s'immoler tous les jours. Mais, grâce à
Dieu, Messieurs, la race des pénitents et des
justes n'est pas encore éteinte. Ils étaient, sur le
Calvaire, les plus rapprochés de la croix; ils
sont, dans le temple, les plus rapprochés de l'autel. Suivant avec une religieuse attention toutes
les phases de l'acte sacré qui leur rappelle la passion du Sauveur, ils s'humilient, ils demandent
pardon, ils ouvrent leur cœur pénitent au fleuve
de grâce qui s'échappe de la sainte montagne; ils
compatissent aux outrages dont Jésus est victime; ils unissent leurs tristesses aux tristesses
de son cœur; ils adorent ses anéantissements
eucharistiques; ils implorent, avec larmes, sa
pitié pour eux et pour le peuple. Et, afin de le
mieux toucher, ils enveloppent dans un mouvement d'amour leur être tout entier, le couchent
sur l'autel et l'immolent avec l'hostie sainte,
résolus de s'unir par une vie de sacrifices au sacrifice de leur Dieu, et de concourir autant qu'ils

le peuvent à la réparation de l'honneur divin, à la conversion des âmes, à la gloire de l'Église, au salut du genre humain. La messe est, pour eux et pour tous ceux à qui ils s'intéressent, une inépuisable source de régénération, de vigueur spirituelle et de perfectionnement.

Messieurs, faites-vous partie de ce groupe béni des pénitents et des justes ? — J'ai bien peur que non. Êtes-vous bourreaux, impies ou incrédules ? — Je ne le crois pas. Ne seriez-vous pas des indifférents, des peureux, des ignorants ou des oublieux ? — Cela pourrait bien être. Interrogez franchement votre conscience, elle vous assignera la place que vous méritez; mais, si c'est une mauvaise place, il faut en sortir au plus vite. Nos jours, déjà si tristes, peuvent devenir plus tristes encore, nous avons besoin que les pénitents et les justes, « prosternés entre le vestibule et l'autel, » assiègent la divine victime de leurs supplications, et lui disent avec larmes : — « Pitié, Seigneur, pitié pour ton peuple : *Parce, Domine, parce populo tuo* [1]. » Plus nous serons nombreux et fervents à la prière et à l'immolation, plus

____

1. Joel., cap. II, 17.

seront abondantes, efficaces et salutaires les pro-
pitiations dont le Calvaire a enrichi l'autel.

Cette montagne sainte, héritière de la Rédemption, glorifiez-la, ô Dieu du Calvaire ! Amenez-y
la foule que l'impiété voudrait écarter, et faites
comprendre à tous ceux qui s'en approchent la
dignité et l'infinie vertu de votre sacrifice.

Dieu du Calvaire, protégez votre autel ! L'i-
mage des faux dieux a profané le lieu où fut
plantée votre croix, une chair impudique a
souillé, dans ce temple même, le lieu de votre immolation mystique ; mais, image des faux dieux,
chair impudique, tout a disparu ; le Calvaire et
l'autel demeurent les objets de notre vénération. Que ce soit pour toujours, Seigneur, car
vous avez promis d'être avec nous jusqu'à la
consommation des siècles.

Dieu du Calvaire, vengez votre autel ! L'impiété l'accuse de n'être que le théâtre d'une ridi-
cule et inutile superstition ; prouvez-lui, par d'é-
clatants bienfaits, que le Calvaire s'est penché sur
son sommet sacré et qu'il y a répandu tous les
flots de la Rédemption.

ALLOCUTION

POUR LA COMMUNION PASCALE

« Per singulos dies, benedicimus te. »

Messieurs,

L'apôtre saint Paul nous invite à bénir Dieu
et à le remercier de tous ses bienfaits : « *Gratias
Deo in omnibus : in omnibus gratias agite.* » Mais
quel bienfait divin mérite mieux nos bénédictions
et nos actions de grâces que celui dont nous nous
sommes entretenus pendant tout le cours de la
station qui se termine aujourd'hui? C'est, selon
l'expression prophétique du plus grand chantre
des œuvres divines, un résumé, « un mémorial
vivant des principales merveilles que nous devons à la puissance, à la sagesse et à l'amour de
Dieu : *Memoriam fecit mirabilium suorum.* » Nous y
avons admiré, dans la conversion des substances,

une sorte de répétition de l'acte créateur; dans le sacrifice de la messe, une représentation expressive et saisissante du sacrifice de la croix et comme la mise en œuvre des mérites acquis par les souffrances et la mort du Rédempteur; enfin, dans la communion, une extension indéfinie de l'union du Verbe divin avec la nature humaine. Comment n'être pas ravi et profondément touché de ces merveilles?

« Seigneur, disait le Psalmiste, vos œuvres sont admirables, et mon âme les connaît trop bien pour se taire : *Mirabilia opera tua, et anima mea cognoscit nimis* [1]. » Et il ne connaissait que l'ouvrage de la création et la conduite de la Providence dans l'histoire de son peuple, et il ne faisait qu'entrevoir les étonnantes manifestations des perfections divines dans les mystères chrétiens. Aujourd'hui ces mystères brillent de tout leur éclat, et l'Église, en leur présence, est bien autrement étonnée et touchée que ne l'était le roi-prophète. Mais ce qui l'étonne jusqu'au ravissement, ce qui la touche jusqu'au plus profond du cœur, ce qui provoque

1. Psalm. CXXXVIII.

ses plus ferventes actions de grâces, c'est la perpétuelle présence, l'incessante immolation, les inépuisables largesses de son saint époux dans l'Eucharistie. Tous les jours, et par tous les moyens, elle veut le bénir d'un si grand bienfait : « *Per singulos dies, benedicimus te.* »

Tous les jours elle construit des temples, des autels et des tabernacles ; elle se plaît à les orner et à les embellir ; elle imagine et organise des fêtes splendides ; elle y convie des milliers d'adorateurs. Tous les jours, et à toutes les heures du jour, elle est prosternée devant le sacrement de l'autel, dans la personne des chrétiens fervents qui se relaient pour ne jamais laisser chômer le Christ anéanti des hommages qui lui sont dus.

Tous les jours elle prépare ses lévites et ses prêtres aux saintes fonctions du ministère ; tous les jours elle les revêt des ornements sacrés, leur met entre les mains les dons qu'ils doivent changer au corps et au sang de Jésus-Christ, les invite à l'immolation sacrosainte qui devient son plus précieux trésor et dont elle fait son plus beau cantique de reconnaissance. Tous les jours elle offre à Dieu son propre Fils et, aux fidèles, l'agneau divin qui les vivifie, les consomme dans l'unité et les prépare à l'interminable fête du jour éternel.

O soleil, œil de flamme qui vois se dérouler sous tes immobiles rayons les immenses courbes de notre globe! Les heures fugitives ramènent sans cesse devant toi les mêmes mystères de notre culte eucharistique. Cette révolution sacrée ne s'achève jamais; et tu dois savoir mieux que nous combien l'Église dit vrai, quand elle s'écrie : « *Per singulos dies, benedicimus te.* »

Messieurs, si j'ai su vous faire comprendre et goûter le sacrement d'amour, vous voudrez, j'en suis certain, vous unir aux bénédictions quotidiennes de l'Église, pour remercier Dieu de s'être montré si condescendant, si bon, si généreux, si magnifique à votre égard.

Il vous a donné sa présence perpétuelle, profitez-en pour vous approcher du tabernacle où il réside. Allez consoler par vos hommages ce doux captif de l'amour. Je ne vous demande pas de longues heures, mais quelques minutes seulement d'une respectueuse et fervente adoration, surtout dans les lieux où Jésus est plus solitaire et plus abandonné. Si vous le vouliez bien, il vous serait si facile de prendre un pauvre petit quart d'heure sur vos journées, même les plus occupées, pour aller dire au Dieu de l'Eucharistie : — « Cher maître, Sauveur adoré, mon cœur est triste en pensant que tant de chrétiens vous oublient. Moi, au moins, je veux vous bénir tous les jours : — *Per singulos dies, benedicimus te.* »

Jésus s'immole chaque matin sur nos autels. Ne vous serait--il pas possible de moins prolonger votre repos, et d'aller vous unir à la sainte victime qui s'offre pour vous à son Père? L'Église vous appelle une fois par semaine à l'auguste fête en laquelle notre société religieuse accomplit divinement ses devoirs. Mais un chrétien parfaitement reconnaissant ne se contente pas de cette tâche hebdomadaire. Le saint sacrifice l'attire ; s'il ne peut y assister de corps, il y envoie son cœur, et s'unit à l'Agneau divin et au prêtre qui l'immole, afin de pouvoir dire avec eux : « *Per singulos dies, benedicimus te.* »

Jésus se donne à vous par la sainte communion. Tout à l'heure, il est descendu dans vos âmes et les a honorées de sa présence intime. Pendant que votre bouche chantait : « O Christ, tu es le roi de gloire : *Tu rex gloriæ, Christe* ; tu sièges à la droite de Dieu, dans la gloire du Père : *Tu ad dexteram Dei sedes, in gloria Patris;* » une voix discrète et profondément émue murmurait au fond de vos cœurs : « *Tu in me sedes, in humilitate sacramenti* : O Christ, tu sièges en moi, dans l'humilité de ton sacrement. » — *Tu sedes!* — Entendez-vous, Messieurs? Il ne s'agit pas d'un simple passage, mais d'une demeure fixe. Honte à ceux pour qui la communion n'est que la rapide traversée d'un Dieu que l'on se hâte d'éconduire! — Jésus-Christ vient en nous pour y demeurer : « *Qui manducat carnem Filii hominis in me manet et ego in eo.* » Jésus-Christ ne consent à devenir notre nourriture que pour nous faire vivre de sa vie : « *Qui manducat me vivet propter me.* » Sa chair disparue avec les espèces sacramentelles n'emporte pas avec elle toute sa divine vertu. Il en reste ce qu'il faut pour alimenter notre âme et faire de notre vie spirituelle une perpétuelle bénédiction.

C'est par les fruits de votre communion, Messieurs, que vous vous associerez aux bénédictions et aux actions de grâces de l'Église, mieux que par vos cantiques et vos actes religieux. Car quelle meilleure manière de dire à Dieu qu'on est reconnaissant de ses bienfaits que de lui en montrer, en soi, la vivante et splendide floraison? Livrez-vous donc sans réserve à l'hôte adoré qui vous possède et vous nourrit de sa vie. Qu'il répare en vos âmes les désastres du péché ; qu'il soutienne votre courage dans les combats de la vie contre la mort ; qu'il accroisse vos vertus ; qu'il réchauffe votre amour. Que la pureté et la délicatesse de vos consciences, que la rectitude de vos actions, que les combats et les victoires de votre vie spirituelle contre les ennemis de la grâce, que la vivacité de votre foi, que l'élévation et la noblesse de vos désirs, que l'ardeur de votre charité, que votre empressement, votre activité, votre dévouement aux grandes œuvres chrétiennes, enfin, que tous les fruits de votre communion chantent d'une commune voix: « *Per singulos dies, benedicimus te.* »

Puisse le monde, qui fut témoin de votre vie imparfaite, reconnaître que ce n'est pas en vain qu'un chrétien se nourrit du pain eucharistique, et confesser la bienfaisante action d'un Dieu dans les merveilleux changements qui se seront opérés dans vos âmes. Vous aurez beau dire avec l'accent d'une foi sincère, en lui montrant l'autel et le tabernacle : Dieu est là ! il vous croira moins qu'en entendant les actions de grâces de votre vie transformée. Sur l'autel et dans le tabernacle, Dieu se cache ; dans les fruits de vos communions, il se manifeste. Vivez de lui, et les plus incrédules s'écrieront : *Deus, ecce Deus !*

TABLE

TABLE ANALYTIQUE DES MATIÈRES

RETRAITE 1883

Le Chrétien.

LUNDI SAINT

PREMIÈRE INSTRUCTION. L'ESPRIT CHRÉTIEN. — Grandes choses que Dieu a faites pour nous dans les sacrements de baptême et de confirmation. — Il ne suffit pas de les connaître, nous devons être instruits de ce que nous devons faire pour Dieu : connaître tout le chrétien. — Plan de la retraite d'après saint Paul. — Dans cette instruction, on traite de l'esprit chrétien : 1° ce que c'est ; — 2° l'usage que nous devons en faire. — I. Vingt-neuf manières d'entendre le mot *esprit*. — Ce qu'on doit entendre par l'*esprit chrétien*. — Sa genèse et sa formation dans l'âme du baptisé. — En résumé, l'esprit chrétien, c'est le jour de Dieu dans notre âme; l'œil du Christ ouvert sur toutes choses ; une participation à sa manière de voir, de juger et de diriger toutes choses. — II. *Ut filii lucis ambulate.* — Diverses applications de l'esprit chrétien : 1° Il nous fait voir le fond de toutes choses : Dieu, qui est tout en toutes choses : *omnia in omnibus:* — Dieu, en lui-même, — Dieu, en ceux qui commandent, —Dieu, en ceux qui sont humiliés et qui souffrent, — Dieu, dan les événements, — Dieu, dans les plus humbles créatures. — 2° L'esprit chrétien prend la mesure exacte de toute choses, c'est-à-dire les justes proportions que Dieu leur a données : — Mesure de notre valeur personnelle et de nos mérites, — de nos connaissances, — de nos affections, — de notre honneur, — de nos biens et de nos intérêts, — de nos souffrances, — de toutes nos actions. — 3° L'esprit chrétien ordonne toutes choses à leur véritable fin, c'est-à-dire au souverain bien qui se promet, qui nous attend, qui doit nous béatifier éternellement. — Comme il a vu Dieu au fond de tout et pris la mesure de Dieu en tout, le chrétien n'existe et n'agit que pour Dieu. — L'esprit chrétien ne peut venir que de Dieu. — Retour sur l'auditoire. — Conclusion   3

MARDI SAINT

DEUXIÈME INSTRUCTION. — LA LIBERTÉ CHRÉTIENNE. — Il ne suffit pas de bien voir, il faut encore être prêt à bien faire. —C'est par *la liberté chrétienne* que la volonté s'élève à la hauteur de *l'esprit chrétien*. — 1° Qu'est-ce que la liberté chrétienne ? — 2° Quelles sont les forces d'esclavage contre lesquelles elle doit s'affirmer ? — I. Amour universel de la liberté. — Le grand esprit dans une âme servile. — L'humble esprit dans une âme libre. — Nos préférences sont à la liberté. — On ne traite ici que de la liberté chrétienne, nécessaire compagne de l'esprit chrétien. — Comment le protestantisme entend cette liberté. — Belle doctrine de saint Paul ; — différents sens qu'il donne à la liberté ; — dernier sens auquel nous nous arrêtons, et définition de la liberté chrétienne. — II. En nous promettant la liberté, Jésus-Christ a voulu qu'elle s'affirmât virilement contre les forces d'esclavage qui conspirent à enchaîner le Verbe de Dieu fixé dans les principes de la foi. — Ces forces sont : *violence des pouvoirs, tyrannie de l'opinion, corruption et exigences de la nature.* — 1° Prétention des pouvoirs sur la conscience humaine ; — résistance des martyrs. — La lutte se prolonge ; — son caractère contemporain. — Réponse du chrétien à la puissance séculière qui prétend l'asservir : *Non sumus ancillæ filii, sed liberæ.* — Développement. — 2° Ce qu'il faut entendre par l'opinion. — Comment on devient esclave par le respect humain. — Noble attitude du chrétien devant la tyrannie de l'opinion ; — cette attitude n'est point celle d'un pharisaïsme hautain, dédaigneux et intolérant. — 3° Corruption et exigences de la nature ; — comment elles s'imposent chez un grand nombre de chrétiens, jusqu'à la servitude. — Prévoyance, force, vigilance du vrai chrétien pour éviter cette servitude et demeurer libre. — Ceux qui disent que le chrétien est esclave. — Leur esclavage. — Encouragement : *Vos in libertatem vocati estis..*   31

MERCREDI SAINT

TROISIÈME INSTRUCTION. — LA VIE CHRÉTIENNE. — Sachant comment on *voit* et comment on *veut* chrétiennement, il faut apprendre comment on *vit* chrétiennement. — Résumé de la vie chrétienne, en ces paroles de saint Paul : « *Ut mundaret sibi populum acceptabilem, sectatorem bonorum operum.* » — D'après ces paroles, on considère dans cette instruction : 1° le fond même de la vie chrétienne ; 2° ses manifestations caractéristiques. — I. Où réside la vie chrétienne. — C'est la vie même de Dieu communiquée à l'âme, la plus parfaite ressemblance de notre âme avec Dieu ; en un mot, la grâce. — Par la grâce, l'âme est agréée de Dieu : — *animam acceptabilem.* — Elle est un foyer d'activité sainte qui nous rend agréables à Dieu dans tout l'épanouissement de notre être. — Les grandes et sublimes actions, sans la grâce ; — les petites actions, avec la grâce. — Nos illusions à ce sujet. — Les longs jours passés sans la grâce. — *Nomen habes quod vivas, et mortuus es.* — Il ne suffit pas de dire : *je crois ;* il faut pouvoir dire : *je vis.* — II. Comment les œuvres extérieures sont les manifestations caractéristiques du principe qui nous vivifie. — Résumé de ces œuvres par saint Paul, en trois mots : *Ut... sobrie, et juste, et pie vivamus,* c'est-à-dire : Sage retenue, — austère justice, — généreuse piété. — Contraste de la vie mondaine et de la vie chrétienne sous ces trois aspects, — 1° Vie mondaine : vie de bien-être et de plaisirs, toute occupée à satisfaire les appétits de la nature. — Vie chrétienne : vie où la nature est réglée par Dieu dans les exigences des appétits, l'emportement des passions, l'usage des plaisirs et des biens de ce monde. — 2° Vie mondaine ayant pour principe ce que saint Paul appelle *sæcularia desideria* : — vie d'injustice du côté de la fortune et du côté des honneurs. — Vie chrétienne : vie de justice à laquelle préside la modération des désirs, — respect, culte du droit, zèle pour sa défense. — 3° Vie mondaine appelée par saint Paul : *impietatem,* — oubli de Dieu, — dureté égoïste envers le prochain. — Vie chrétienne, toute pleine de la présence de Dieu, d'abandon à la Providence, d'actes surnaturalisés ; — vie féconde en œuvres de charité. — Comment la trilogie caractéristique de la vie chrétienne se complète, dans le texte apostolique, par une note sublime qui nous fait passer de la terre au ciel : *Expectantes beatam spem...,* etc. — Vie mixte d'un grand nombre de chrétiens : — *Aut muta nomen, aut muta mores.* 59

JEUDI SAINT

QUATRIÈME INSTRUCTION. — LA PATERNITÉ CHRÉ-
TIENNE. — Il ne suffit point à l'homme d'être chrétien
pour lui-même ; il doit l'être dans le plus grand et le plus
important de ses offices : l'office de la paternité. —
1° Exposer le devoir de la paternité chrétienne. — 2° Montrer comment il faut l'accomplir. — I. Paternité de Dieu.
— Principe de toute paternité, il en est l'exemplaire. —
Il faut imiter son action providentielle, en obéissant en
toutes choses à sa suprême direction et en servant ses
desseins. — Quels sont les desseins de Dieu? — Comment
l'homme, bien qu'il ait cessé d'être, par voie de génération,
l'instrument de la paternité surnaturelle de Dieu, peut et
doit être encore le coopérateur de cette paternité. — Éducation de l'honnête homme. — Le père chrétien doit s'appliquer, par dessus toutes choses, à former le chrétien. —
La santé et la grâce — la science et la foi — le caractère
et la liberté chrétienne — l'honnêteté et les grandes
vertus — la carrière humaine et le ciel. — Ce devoir du
père chrétien est fondé sur les engagements qu'il a pris —
1° par le mariage chrétien, — 2° en présentant son enfant
au baptême. — Ce qui lui donne le droit de dire : *Hic est
filius meus dilectus*, etc. — II. Le devoir défini, comment
l'accomplir? — Les chrétiens apostats — les hommes légers — les honnêtes gens. — Le père chrétien doit payer
de sa personne dans l'éducation chrétienne de ses enfants.
— 1° Ne pas abandonner toute l'instruction religieuse à la
mère de famille. — Dangers de son abstention. — Il faut
qu'il en prenne la haute direction. — 2° Soutenir l'enseignement par l'exemple. — Comment sa mission est compromise, lorsque sa vie pratique est la négation de ses
leçons. — 3° Protéger l'enfant : — contre lui-même, —

contre toute influence malfaisante du dehors, — les compagnies dangereuses et suspectes, — l'école. — Que l'école ne doit pas être une agence de l'Etat, mais un prolongement de la famille. — Ce qu'un père chrétien doit exiger des maîtres de ses enfants. — Que le devoir de la paternité chrétienne est de soutenir les écoles chrétiennes. — Appel aux pères de famille................ 87

VENDREDI SAINT

CINQUIÈME INSTRUCTION. — LA SOUFFRANCE CHRÉTIENNE. — Après avoir étudié les conséquences pratiques de notre régénération et de notre perfectionnement par le baptême et la confirmation, ne nous reste-t-il plus qu'à attendre en paix l'héritage que Dieu nous a promis en nous adoptant? — Non. — Enseignement de l'Apôtre : — *Si tamen compatimur, ut et conglorificemur.* — Source de vie, le baptême est une œuvre de mort. — Il nous ensevelit dans la mort du Christ. D'où il suit que la souffrance est aussi une conséquence de notre régénération. — La croix adorée aujourd'hui est le livre de la souffrance. Nous y apprenons : 1° ce que le chrétien doit penser de la souffrance ; 2° comment il doit l'endurer. — I. Mystère de la souffrance. — Ce qu'en pense l'homme charnel ; ses étonnements et ses colères. — L'homme spirituel, le chrétien, n'a pas besoin de recourir à la philosophie qui, pourtant, peut nous donner des solutions justes. — Il regarde la croix. — 1° La croix lui montre, en celui qu'elle porte, la victime du péché : donc la souffrance expie le péché. — 2° La justice conduit le chrétien à la miséricorde ; il voit, dans la souffrance, une force préservatrice qui garantit notre nature déchue des envahissements d'une corruption dont le triomphe serait, pour notre salut, le plus grand des périls. — 3° Le Christ, que le chrétien contemple sur la croix, nous y enfante dans la souffrance. — La condition d'un être dépendant de son origine, nous devons souffrir avec le Christ.— II. Comment faut-il souffrir? — L'homme charnel; — nous le suivons de près par nos lâchetés. — Qu'est-ce que souffrir chrétiennement?— Le stoïcisme ; — rien d'humain, rien de divin en lui. — Le Christ, que l'Église nous montre sur la croix, nous apprend à souffrir comme lui. — 1° Ne point s'étonner, ne point s'affliger des faiblesses de la nature ; le Christ a voulu les subir ; — mais triompher de ces faiblesses par la résignation. — 2° La résignation est le *minimum* de la souffrance chrétienne. — Appel aux âmes généreuses. — Non seulement Jésus-Christ s'est soumis à la volonté de son Père, il l'a devancée par ses désirs, il a souffert avec amour, avec passion. — Ainsi les grandes âmes. — Exemples. — Admirables récompenses de la souffrance chrétienne.— Actions de grâce à la croix........ 113

SAINT JOUR DE PAQUES

Allocution pour la communion pascale, sur ces paroles : « *Sanctum quoque Paraclitum Spiritum.* »........ 143

RETRAITE 1884

Devoirs eucharistiques.

LUNDI SAINT

PREMIÈRE INSTRUCTION. — La visite au Saint-Sacrement. — L'esprit de cette retraite est l'étude de nos devoirs eucharistiques. — Le premier de tous : l'adoration. — Dans quelles conditions? — La présence de Jésus-Christ dans l'Eucharistie étant une visite à demeure, la perpétuelle résidence d'un ami qui fait ses délices d'habiter près de ceux qu'il aime, la visite au Saint-Sacrement est, pour tous les chrétiens : — 1° un devoir ; — 2° un besoin. — I. *Devoir*. — Convenances sociales. — Visites dont on ne peut se dispenser sans se rendre coupable d'ingratitude et d'injustice. — Telle est notre condition vis-à-vis du Dieu du tabernacle. — Ses admirables prévenances. — Question indiscrète : Pourquoi Jésus-Christ ne nous visite-t-il pas sous sa forme naturelle? — Nous sommes indignes de cette visite, — incapables de la soutenir, — nous n'y avons aucun droit. — La manière dont le divin ami nous visite est celle qui convient le mieux à son humanité glorieuse, — à notre infirme nature, — à notre qualité de sujets du divin roi. — Il est évident que le devoir nous appelle auprès de lui. — Ce que demande l'Église. — Ce que nous impose l'amour. — II. *Besoin*. — Profitons de nos relations naturelles pour nous éclairer sur les besoins de notre vie spirituelle. — Trois sortes de visites : — visites de curiosité, — visites d'affaires, — visites d'amitié. — 1° *Curiosité*. — Admirables révélations du tabernacle ; — un quart d'heure de visite nous apprend plus que la conversation des hommes les plus instruits. — 2° *Affaires*. — On ne peut mieux traiter la grande et unique affaire du salut qu'avec le Sauveur lui-même. — Ses avertissements ; — ses conseils ; — ses encouragements. — 3° *Amitié*. — Dans la visite au Saint-Sacrement, l'âme resserre les liens de son union avec Jésus-Christ, — reçoit ses consolations, — lui offre ses affectueuses condoléances, — lui présente toutes ses requêtes. — Combien Jésus est abandonné. — Une église de village. — Compensation des âmes religieuses, qui réparent, par leurs continuelles adorations, les longs oublis des populations chrétiennes. — Un merci à la sainte armée de l'adoration perpétuelle. — Exhortation...................... 153

MARDI SAINT

DEUXIÈME INSTRUCTION. — LE DEVOIR DE LA COMMUNION. — Entre toutes les visites que Notre-Seigneur réclame de nous, il en est une plus familière et plus intime, en laquelle il veut nous mettre en possession du plus grand de tous les biens, de lui-même : C'est la communion. — Nous y sommes obligés par une loi. — Expliquer: 1° la lettre de cette loi ; — 2° l'esprit de cette loi. — I. *Lettre de la loi*. — Précepte de Jésus-Christ. — Comment il a été compris par les fidèles de la primitive Église. — L'Eucharistie, pain quotidien. — Décadence. — Loi de l'Église au IV° concile de Latran confirmée par le concile de Trente. — Les abstentionnistes. — Prétextes : — indignité, — manque de foi, — doute positif. — Véritables raisons, indiquées dans l'Évangile du festin. — 1° *Villam emi* : désir de l'agrandissement, ambition. — 2° *Juga boum quinque emi* : préoccupation, agitation des affaires. — 3° *Uxorem duxi* : attachement désordonné, passions honteuses. — Lâcheté et ingratitude de ceux qui repoussent les avances du père de famille. — Comment ils en seront punis. — *Nemo virorum*, etc... *gustabit cœnam meam.* — Festin éternel ; faim éternelle. — II. *Esprit de la loi.* — Quand une obligation nous est imposée pour notre plus grand bien, on doit avoir égard aux intentions du législateur qui sont l'esprit de la loi. — Intentions de l'Église. — En fixant un *minimum* de réfection spirituelle, elle ne préjuge ni des circonstances, ni des états dans lesquels la communion peut devenir accidentellement obligatoire. — Quels sont ces circonstances et ces états comparés à l'enseignement de l'Église. — Bien loin de vouloir restreindre par sa loi notre alimentation spirituelle, l'Église ne demande qu'à la multiplier. — Comment elle a manifesté ses intentions à cet égard. — Appel à ceux qui veulent se préserver du péché et à ceux qui ont le noble désir du progrès spirituel et de la perfection.. 181

MERCREDI SAINT

TROISIÈME INSTRUCTION. — AVANT LA COMMUNION. — On continue l'étude de l'analogie créée par Dieu lui-même entre la nourriture de l'âme et la nourriture du corps. — Il faut manger pour vivre, — mais, pour bien vivre, il faut bien manger. — 1° Dans quel état faut-il être ? — 2° Quelles dispositions faut-il avoir avant la communion ? — I. La nourriture doit être prise, élaborée, assimilée par un organisme vivant. — Donc il faut vivre de la grâce avant la communion. — Sans la grâce, non seulement la communion est inutile, elle est sacrilège. — En communiant indignement, le sacrilège outrage dans l'humanité du Christ tout ce qu'il y a de grand et de saint ; — détails. — Il outrage : 1º avec une monstrueuse ingratitude, — 2º avec une insigne lâcheté, — 3º il outrage sans excuse, — 4º peut-être sans rémission. — Le sacrilège n'est pourtant pas un crime irrémissible. — Pourquoi insister sur ce point de morale sacramentelle ? Il n'y a plus aujourd'hui, dit-on, autour de la sainte table que des hommes sincères et courageux. — Comment, sans propos délibéré, sans malice réfléchie, on peut communier indignement. — Ignorance volontaire et criminelle sur son état. — Grave négligence et légèreté qui font de nos communions des surprises indécentes, des saisies sacrilèges d'une chose sainte sur laquelle nous n'avons aucun droit. — II. Dispositions. — Agitations violentes et états fiévreux nuisant à la nutrition du corps. — Il en est de même pour la nutrition de l'âme. — Il lui faut une préparation d'apaisement et de purification ; c'est la disposition éloignée. — Prochainement, l'âme doit mettre en œuvre les saintes énergies et les divins ferments qui saisissent la nourriture eucharistique, et travaillent à cette mystérieuse assimilation par laquelle nous entrons dans le Christ et vivons de sa vie. C'est : 1º la foi ; 2º l'humilité ; 3º le repentir; 4º le désir amoureux. — L'efficacité de notre union sacramentelle avec Dieu dépend de ces dispositions. — Préparons-nous donc comme le pieux roi David se préparait aux communications divines: « *Paratum cor meum.* »...................................... 209

JEUDI SAINT

QUATRIÈME INSTRUCTION. — APRÈS LA COMMUNION.
— Mystérieux travail de l'âme sur la nourriture eucharistique ; sage conduite qu'elle doit tenir pour en conserver la divine vertu, tout cela est compris, dans le langage de la piété chrétienne, sous ce vocable : l'action de grâces.— 1° Comment doit se faire l'action de grâces après la communion. — 2° Comment doit-elle se prolonger dans la vie chrétienne. — I. Loi de la reconnaissance. — L'action de grâces est due à tous les bienfaits de Dieu ; combien plus au suprême bienfait qui nous donne à exploiter la source de tous les biens. — Eucharistie somme des dons divins. — L'action de grâces est une fonction vitale en même temps qu'un devoir de reconnaissance ; c'est la digestion d'un aliment divin. — Elle se fait : 1° Par l'adoration recueillie. 2° Par le remerciement : *Magnificat ;* — *Benedicite.* 3° Par la donation de nous-mêmes. 4° Par la résolution généreuse qui immole en nous tout ce qui déplaît à Dieu. 5° Par l'humble et fervente demande qui aspire toutes les grâces dont la chair sacrée du Sauveur est l'inépuisable source. — II. On n'a pas encore rempli tous ses devoirs à l'égard d'un bienfaiteur, lorsqu'on lui a dit un respectueux et tendre *merci ;* il faut savoir profiter de ses dons. — Perdre, presqu'au sortir de la sainte table, l'honneur et la divine vertu de la communion, c'est de l'ingratitude. — Exemple de cette ingratitude dans le mystère que l'Église nous rappelle aujourd'hui : la défection des apôtres. — Combien nous sommes plus coupables qu'eux. — Facilité avec laquelle nous perdons le fruit de nos communions. — Le chrétien, qui comprend la grandeur et le prix d'une communion, prolonge son action de grâces : — 1° En s'appliquant à conserver en lui la vie

divine. — 2° En manifestant cette vie divine par les trans-
formations de sa propre vie. — Quand il sent s'épuiser la
force d'une communion, il communie encore. — Il fait de
la communion l'action de grâces de la communion. —
Quid retribuam?... Calicem salutaris accipiam.....   241

VENDREDI SAINT

CINQUIÈME INSTRUCTION. — Le calvaire et l'autel. — Le douloureux mystère que l'Église propose, en ce
jour, à notre dévotion ne nous éloigne pas du grand sujet
que nous avons médité. — Entre le Calvaire et l'autel, il
y a de telles ressemblances et de si intimes rapports qu'on
ne peut séparer l'un de l'autre. — On considère dans cette
instruction : — 1° Ce qui se fait sur le Calvaire et sur
l'autel ; — 2° ce qui se passe autour de ces deux saintes
montagnes. — I. Texte de saint Paul sur l'expiation du
Christ. — Le Calvaire, son temple et son autel, est
devenu la plus illustre des montagnes. — Les montagnes dans la nature. — Les montagnes dans l'histoire sacrée. — Comment, de toutes les cimes de la
terre consacrées par Dieu, aucune ne le fut autant que
la cime du Calvaire. — Là toutes les figures deviennent
réalité. — Le Calvaire aujourd'hui aux mains des infidèles.
— Nous possédons une montagne non moins illustre, non
moins fertile, non moins divine que le Calvaire : l'autel.
— Comment ce qui se fait sur le Calvaire se fait sur l'autel : — 1° Même sacrifice ; — 2° même victime ; —
3° même sacrificateur ; — 4° même substitution amoureuse d'un Dieu à l'humanité ; — 5° dans cette substitution amoureuse, jaillissent les mêmes grâces. — Diffé-
rences : — Sur le Calvaire, la victime est apparente, mais les
intentions sacrificales sont ignorées ; sur l'autel, la victime

se cache, mais les intentions sacrificales sont tellement manifestes que tout le monde peut s'y associer. — Comment le sacrifice de l'autel n'est point un acte religieux qui se sépare de l'immolation du Calvaire. — II. Autour du Calvaire : — 1° Les bourreaux, — 2° les impies, — 3° les ignorants, — 4° les oublieux, — 5° les peureux, — 6° les pénitents, — 7° les justes compatissants. — Tout ce monde se retrouve autour de l'autel, bien que le sacrifice ait changé d'aspect. — Quelle place devons-nous prendre ? — Invocation au Dieu du Calvaire................ 267

LE SAINT JOUR DE PAQUES

Allocution pour la communion pascale, sur ces paroles : « *Per singulos dies, benedicimus te.* »............ 299

Paris. — F. LEVÉ, imprimeur de l'Archevêché, rue Cassette, 17.

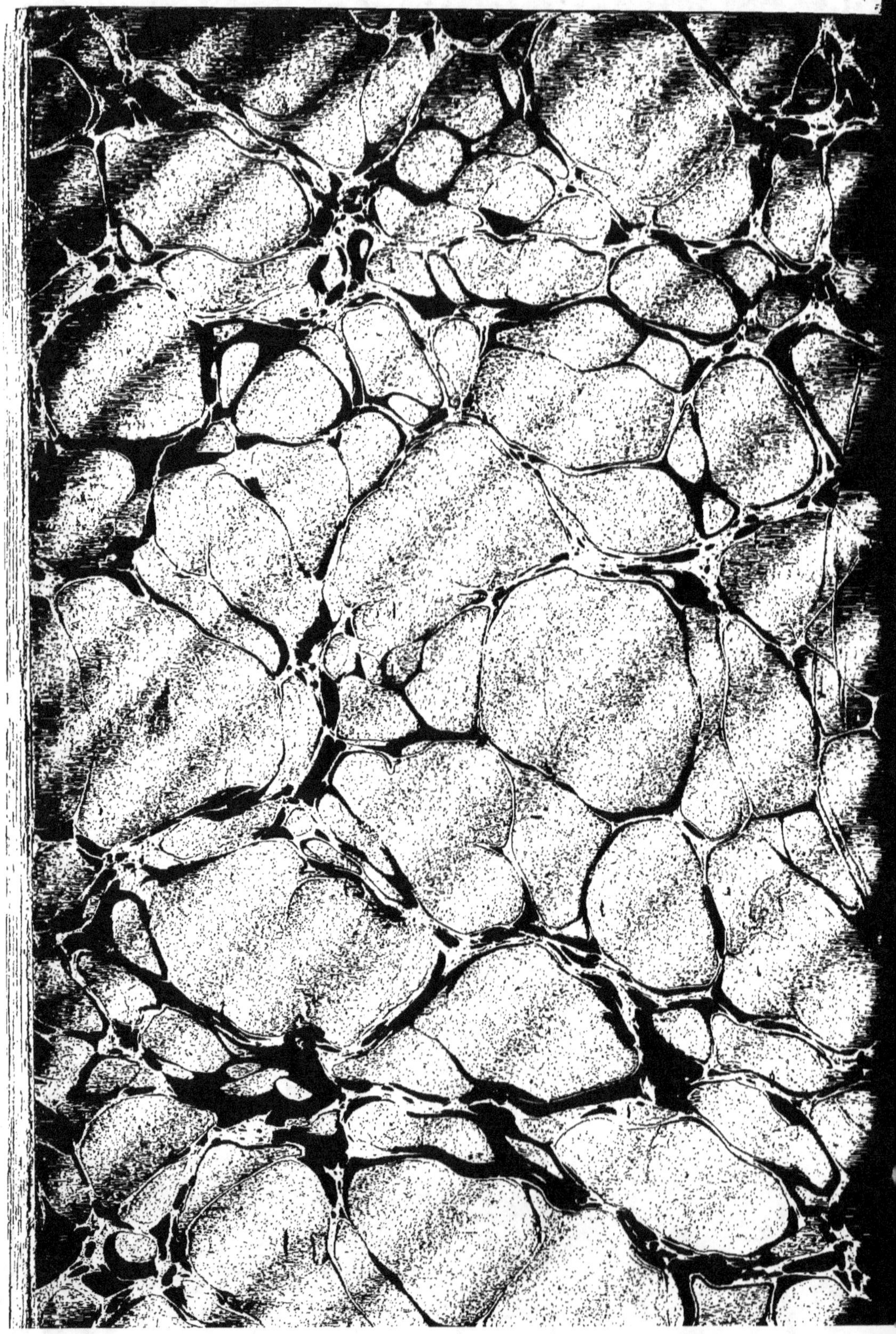